AF494724

PROJET

DE

RÈGLEMENT GÉNÉRAL

D'ÉDUCATION PHYSIQUE.

MINISTÈRE DE LA GUERRE

DIRECTION DE L'INFANTERIE

PROJET

DE

RÈGLEMENT GÉNÉRAL

D'ÉDUCATION PHYSIQUE.

PREMIÈRE PARTIE.

ÉDUCATION PHYSIQUE ÉLÉMENTAIRE.

ENFANCE.

Approuvée par le Ministre de l'Instruction publique et des Beaux-Arts comme complément du « Manuel d'exercices physiques et de jeux scolaires ».

Édition mise à jour au 1ᵉʳ juillet 1919.

PARIS

CHARLES-LAVAUZELLE & Cⁱᵉ

Éditeurs militaires

124, Boulevard Saint-Germain, 124

MÊME MAISON A LIMOGES

1921

PROJET

DE

RÈGLEMENT GÉNÉRAL

D'ÉDUCATION PHYSIQUE.

AVANT-PROPOS.

PREMIÈRE PARTIE.

ÉDUCATION PHYSIQUE ÉLÉMENTAIRE.

CHAPITRE Ier. — But, principes et organisation de l'éducation physique élémentaire.

CHAPITRE II. — Composition, qualité et conduite des leçons.

CHAPITRE III. — Tableau des éléments et exemples des leçons pour enfants de 4 à 9 ans.

CHAPITRE IV. — Tableau des éléments et exemples des leçons pour enfants de 9 à 11 ans.

CHAPITRE V. — Tableau des éléments et exemples des leçons pour enfants de 11 à 13-14 ans.

ANNEXE n° 1. — Exemples de mouvements complets et continus.

ANNEXE n° 2. — Contrôle de l'éducation physique. — Renseignements généraux sur la croissance. — Carnet et fiche physiologique.

RÈGLEMENT GÉNÉRAL
D'ÉDUCATION PHYSIQUE.

RÈGLEMENT GÉNÉRAL
D'ÉDUCATION PHYSIQUE.

AVANT-PROPOS.

I. — CONSIDÉRATIONS GÉNÉRALES.
II. — PRÉAMBULE PHYSIOLOGIQUE.
III. — PLAN D'ÉDUCATION PHYSIQUE.

I. — Considérations générales.

Les méthodes préconisées pendant la guerre par l'École de Joinville en vue de la préparation physique des soldats et des jeunes gens de plus de 16 ans ont donné des résultats tels que, tout naturellement, on a été conduit à s'en inspirer un peu partout, tant pour l'éducation physique élémentaire des enfants jusqu'à 16 ans que pour l'éducation physique des adultes.

Il est nécessaire aujourd'hui de préciser complètement les modalités de l'éducation physique en se basant sur les lois physiologiques qui règlent la croissance et le développement de l'homme.

Pour l'établissement de ce règlement il a été tenu compte des travaux les plus récents et notamment des expériences pratiques faites à Joinville et dans diverses écoles. De l'ensemble de ces travaux et expériences découle l'exposé des principes et des procédés d'éducation physique préconisés par le présent règlement.

II. — Préambule physiologique.

But de l'éducation physique.

L'éducation physique est gouvernée par les principes de la physiologie.

Pendant l'enfance l'éducation physique doit tendre surtout au développement harmonieux de la charpente du corps, et en opérer le redressement, lorsqu'elle se déforme.

Dans l'âge adulte elle doit améliorer le fonctionnement des organes, accroître la puissance cardio-vasculaire, la souplesse des respirations, la force musculaire, la précision et la vitesse des mouvements, et, par l'ensemble de ses pratiques, assurer la santé.

D'une manière générale, l'éducation physique ne développera pas, chez un sujet normal, certains organes au détriment des autres. Elle devra aboutir, avant tout, à l'harmonie des fonctions.

Marche de la croissance.

La croissance de l'homme ne se fait pas d'une manière uniforme et régulière, mais par poussées périodiques. Pour une année donnée, l'accroissement peut être double, triple, quadruple même de ce qu'il était dans les années précédentes.

D'une manière générale, il est rapide pendant les deux premières années de la vie. A cette phase succède une période de ralentissement jusqu'au moment de la puberté. Alors la croissance reprend une nouvelle activité, pour s'atténuer encore à partir de la quinzième année. Elle diminue enfin et finit par cesser complètement entre vingt et vingt-cinq ou vingt-huit ans.

Développement du squelette.

Le squelette atteint son plein développement à partir de la vingtième année. Avant cet âge, les soudures osseuses sont inachevées. C'est ainsi que les vertèbres ne sont complètement ossifiées qu'entre 20 et 25 ans; les pièces supérieures du sternum entre 25 et 30 ans, l'angle inférieur et le bord spinal de l'omoplate entre 22 et 24 ans, l'extrémité supérieure de l'humérus entre 20 et 25 ans; le grand et le petit trochanters ne se soudent au corps du fémur que de 20 à 25 ans.

Pendant toute la première partie de la vie jusqu'à la vingtième année, les os, encore pourvus de leurs cartilages de conjugaison, sont donc relativement malléables. De plus, les muscles n'ont pas pendant toute cette période des points d'attache aussi solides qu'après la vingtième année.

On évitera donc de soumettre les enfants et les adolescents soit à des manœuvres de force, soit à des exercices ayant pour effet de durcir les muscles. Ces derniers, hypertrophiés par une gymnastique non méthodique, peuvent dans une certaine mesure, en raison de leur développement prématuré en largeur et en épaisseur et par le jeu de leur tonicité propre, trop accrue, s'opposer à l'allongement normal des os longs et arrêter le développement de la taille.

Rythme respiratoire.

Marey a étudié, à l'aide du pneumographe, les effets des exercices sur le rythme respiratoire. Ces recherches ont été faites à l'École de gymnastique de Joinville.

Il a choisi cinq jeunes gens qui arrivaient à l'École et qui n'avaient pas encore pris part aux exercices. Il inscrivit la respiration de chacun d'eux au repos, puis immédiatement après une course de 300 mètres au pas gymnastique. Les tracés ont été pris de nouveau tous les mois. La comparaison des tracés a montré que dans les premiers temps la respiration était notablement accélérée par la course, il y avait une grande tendance à l'essoufflement; après quatre ou cinq mois d'exercices, le rythme de la respiration n'était presque plus influencé par la course au pas gymnastique de 300 mètres.

On observait, de plus, que les changements constatés dans le rythme respiratoire étaient permanents, on les constatait même au repos; le nombre des respirations était passé, en moyenne, de 16 à 12 par minute, et leur amplitude avait plus que doublé.

Le ralentissement du rythme respiratoire à l'état permanent et surtout sa stabilité pendant les exercices sont les principaux critères de l'entraînement local des poumons et deux des signes cardinaux auxquels on reconnaît que l'entraînement général d'un sujet est un fait accompli.

Rythme cardiaque.

Ce qui vient d'être dit du rythme respiratoire s'applique au rythme cardiaque. Le nombre des pulsations s'élève beaucoup pendant les exercices pratiqués par des sujets non entraînés. *Mais il se stabilise au fur et à mesure que l'entraînement se poursuit.*

La numération du pouls radial, si facile à l'aide d'une simple montre pourvue d'un cadran gradué en secondes, est un moyen rapide de s'assurer de l'état d'entraînement du cœur. On comptera le pouls à l'état de repos, puis après un exercice déterminé, par exemple une course de 300 mètres au pas gymnastique. Cette opération sera répétée chaque mois et, peu à peu, on verra, si l'entraînement est bien conduit, le nombre des pulsations, après l'exercice, se rapprocher de celui des pulsations au repos. On assistera à l'adaptation progressive du cœur au travail qu'on réclame de lui. Cette adaptation se fera d'autant plus régulièrement que les exercices choisis seront mieux appropriés à la constitution des sujets à exercer. *Car le même exercice ne convient pas à tous et la méthode d'éducation physique idéale est celle dont les moyens sont assez variés et qui présente des ressources assez nombreuses pour offrir aux organismes les plus dissemblables le genre d'exercices qui doit leur être appliqué.*

Le pouls de l'adulte bat, en moyenne, 70 fois par minute.

D'une façon générale les mouvements du cœur se ralentissent depuis la première enfance jusqu'à l'âge adulte, mais la courbe qui représente ces différences n'est pas régulière.

ÂGES.	NOMBRE MOYEN des pulsations.	ÂGES.	NOMBRE MOYEN des pulsations.
0 à 1	134	6 à 8	93 à 94
1 à 2	111	8 à 14	89 à 87
2 à 4	108	14 à 19	82 à 77
4 à 5	103	19 à 80	75 à 70
5 à 6	98	80 et plus	79

Température du corps humain.

La température moyenne du corps humain est de 37°5. Sous l'influence de l'exercice cette température peut s'élever de 0°5 à 2°.

Le maximum de la température est observé vers 16 heures et répond au moment de la journée où les exercices des systèmes musculaire et nerveux ont leur plus grande activité. Le minimum est vers quatre heures du matin, moment où le ralentissement de ces fonctions est accusé à la suite du sommeil. Les actes de la digestion jouent aussi un grand rôle dans les oscillations quotidiennes de la température.

Les limites extrêmes de la température chez l'homme, compatibles avec la vie, sont entre 44° et 24°, soit un écart de 20° (Doyon), mais il faut savoir que la gravité de l'élévation ou de l'abaissement thermique tient moins au degré enregistré par le thermomètre qu'à la prolongation de cet état anormal. On a observé 44° au cours d'accès palustres chez des sujets qui ont survécu.

L'homme lutte contre la chaleur en augmentant sa déperdition de calorique. Il le fait de deux manières :

1° *Par le mécanisme de la vaso-dilatation périphérique à la faveur de laquelle* le sang pénètre largement dans le réseau veineux sous-cutané et perd par rayonnement une partie de sa chaleur.

2° *Par l'évaporation de la sueur* à la surface de la peau sous l'influence des *nerfs sudoripares* qui provoquent une sécrétion abondante de la sueur. L'action réfrigérante due à ce dernier procédé est importante. En effet, 1 gramme d'eau absorbe, pour se vaporiser, environ 500 microcalories. Ce qui revient à dire que la température de 580 grammes de nos tissus est abaissée de un degré par cette vaporisation.

L'évaporation de 125 grammes d'eau abaissera donc d'un degré la température du corps d'un adulte pesant 72 kil. 500.

Le premier procédé est de beaucoup le moins efficace, surtout lorsque la température extérieure s'élève.

Ce qui précède nous donne l'une des raisons pour lesquelles les sports demandant une grande dépense musculaire, dégageant beaucoup de chaleur (football, cross), ne sont pas des sports d'été.

L'évaporation se fait d'autant plus activement que l'atmosphère est plus sèche, d'autant plus lentement que l'air est plus rapproché de son point de saturation par la vapeur d'eau.

L'évaporation n'a pas seulement lieu sur la peau, elle se produit aussi sur la surface pulmonaire. Chaque mouvement d'expiration rejette de l'air saturé de vapeur d'eau. A chaque inspiration, l'air non saturé, venu du dehors, se sature à son tour dans les voies respiratoires et soustrait au sang des poumons un certain nombre de calories. Un adulte d'un poids de 65 kilogrammes perd en 24 heures environ 600 grammes d'eau de cette manière. Cette quantité d'eau absorbe, pour se vaporiser : $600 \times 0,580 = 348$ grandes calories. Pendant un exercice assez vif, cette quantité augmente beaucoup et peut même être décuplée.

Chez les animaux, comme le chien, à peu près complètement privés de glandes sudoripares, la réfrigération du sang se fait presque exclusivement par les poumons. Aussi voit-on de tels animaux dont le rythme respiratoire, au repos, est de 18 ou 20 mouvements par minute, avoir 250 et 300 respirations dans le même laps de temps, lorsqu'ils sont exposés au soleil ou soumis à une course vive. Leur langue pend hors de la gueule et offre le maximum de surface à la vaporisation. La quantité d'eau ainsi évaporée est énorme. Elle peut atteindre chez un chien de forte taille plus de 10 grammes par heure et par kilogramme. D'après les calculs de Richet, cet animal peut, dans ces conditions, faire deux fois plus de froid qu'il ne produit de chaleur.

Au cours des exercices physiques, la température centrale du corps humain ne doit pas sensiblement s'élever chez un sujet sain, sauf lorsqu'il s'agit d'exercices violents et prolongés. Mais à la suite des

leçons ordinaires d'éducation physique, une élévation de température de plus de 1/2 degré au maximum doit immédiatement faire soupçonner une
lésion organique cachée (insuffisance rénale, ou
hépatique souvent) ou encore la présence jusqu'alors
méconnue d'un germe pathogène latent. Dans ce
dernier cas, il s'agit 80 fois sur 100 du bacille de la
tuberculose localisé en un point de l'organisme,
presque toujours dans les poumons. Suractivé par
la perturbation organique qui accompagne l'exercice
physique, il met brusquement en liberté ses toxines. Ces dernières sont essentiellement thermogènes
et provoquent l'apparition de la fièvre.

III. — Plan d'éducation physique.

Une méthode générale d'éducation physique doit
être simple et accessible à tous. Ses procédés doivent
être assez variés et assez souples pour s'adapter à
toutes les constitutions.

Elle comprendra nécessairement plusieurs groupes
d'exercices. Chacun d'eux correspondra à une classe
de sujets de valeur physiologique déterminée.

On distingue :

1° L'éducation **physique élémentaire** (prépubertaire), destinée aux enfants de 4 à 13 ans environ ;

2° **L'éducation physique secondaire** (pubertaire
et post-pubertaire), s'adressant aux sujets de 13 à
18 ans ;

3° **L'éducation physique supérieure** (sportive et
athlétique), s'adressant aux jeunes hommes admis à
ce degré et qui peuvent en suivre les pratiques jusqu'au déclin de leur force musculaire (vers 30 ou
35 ans) ;

3 *bis*. **L'éducation physique de l'âge mûr** (après
35 ans) ;

4° **Les adaptations professionnelles.**

Les démarcations indiquées ci-dessus sont moins
une règle absolue qu'une simple indication destinée à
servir de guide aux instructeurs. Il faut moins tenir
compte de l'âge-temps que de l'âge physiologique
des sujets pour les classer dans le groupe qui leur
convient.

1. Éducation physique élémentaire (ou prépubertaire) intéressant les enfants de 4 à 13 ans environ. L'enfant (garçon ou fille) est, pendant cette période, en pleine croissance.

Il a, avant tout, besoin d'une vigoureuse santé. Aucune adaptation urgente ne s'impose à lui. Il ne saurait être notamment question à cette période de la vie du développement musculaire pour les raisons que nous avons énoncées plus haut.

À cet âge, l'éducation physique sera *hygiénique*. Elle tendra à développer les grandes fonctions respiratoire, circulatoire, articulaire, etc... Elle visera à perfectionner la coordination nerveuse. Mais à aucun moment elle ne développera systématiquement les muscles.

De 4 à 13 ans, l'éducation physique fera l'objet de la surveillance constante du médecin. Les médecins doivent aller fréquemment dans les écoles pour y surveiller l'hygiène d'abord, l'éducation physique ensuite. Ils seront les collaborateurs des éducateurs au cours même des leçons.

À cette période de la vie, aucune autre épreuve n'est possible que l'épreuve médicale. C'est le médecin qui classera les enfants de façon à ce que les mêmes jeux réunissent, autant que possible, des élèves de même valeur physiologique.

Voici comment on peut résumer le cycle de l'éducation physique élémentaire en ce qui concerne les procédés correspondant aux diverses catégories d'enfants :

1° *Pour les plus jeunes enfants* (4 à 9 ans environ) : jeux d'imitation, petits jeux, mouvements éducatifs et correctifs, rondes, marches chantées ;

2° *Pour les moyens* (de 9 à 11 ans environ) : mouvements éducatifs et d'imitation simples, petits jeux, marches chantées, natation ;

3° *Pour les plus grands* (de 11 à 13 ans environ), comme de 9 à 11 ans, avec adjonction d'applications élémentaires (course, saut, grimper, porter, etc.)

2. Éducation physique secondaire. Elle s'étend à l'âge pubertaire et post-pubertaire (de 13 à 18 ans). L'âge moyen de la puberté est, dans notre race, entre 11 et 13 ans pour les filles, entre 12 et 14 ans pour

avec la puberté, met, en moyenne, de... à... Mais ses effets se font encore sentir activement sur la nutrition pendant trois années. C'est [donc] cinq ans à partir du moment de l'apparition de la puberté qu'il faut au jeune garçon pour devenir un homme nubile, un adulte doué de la plénitude de son aptitude à reproduire. Ces faits s'appliquent aux [jeu]nes filles.

Ces cinq années, étendues de l'éclosion de la puberté [à la ré]alisation de la nubilité, correspondent à la pé[rio]de de l'éducation physique secondaire ou post[pu]bertaire.

Au début de cette période, l'adolescent est encore [un] enfant, au physique comme au moral. Ses tissus [en] voie de transformation, sont le théâtre d'actes nu[tritifs in]tenses. Sa résistance est faible, sa force mus[culaire] n'est pas en rapport avec sa taille, sa fonction [respi]ratoire est peu ou pas éduquée. Le sujet, à cet [âge,] n'a pas une notion exacte de sa force ni des [moy]ens dont il dispose. Il se croit plus fort et plus [ré]si[st]ant qu'il ne l'est réellement. Pendant cette phase [de] la vie, les exercices de force et de fond doivent [être] exclus, ainsi que tous les exercices violents.

Un peu plus tard, lorsque les modifications appor[tées à] l'organisme par la puberté apparaissent de [toutes] parts, on constate de la congestion des extré[mit]és osseuses qui rend les articulations particuliè[re]ment fragiles, des tiraillements et de la pesanteur [ar]ticulaires, des douleurs vagues dans les masses [mus]culaires. Le système nerveux a une grande sus[ce]ptibilité à la fatigue. Le sommeil est souvent trou[blé] quand se produit accidentellement une suractivité [mus]culaire quelconque.

Pendant cette période, l'adolescent est en état de [moi]ndre résistance. Il se fatigue très vite et présente [par]fois des phases de lassitude physique plus ou [moins] durables.

[L'in]structeur ne se montrera pas, à l'égard des [élèv]es de cet âge, trop exigeant au point de vue du [trava]il physique.

[Il surveiller]a avec une attention particulière les exer[cices... il inter]viendra pour empêcher toute exagéra[tion... Beaucou]p de jeunes gens et encore bien plus de [jeunes filles s]ont devenus [si] profondément hostiles à [l'éducation p]hysique et surtout aux sports, par...

que des accidents répétés ou graves ont interrompu les études de l'élève ou l'ont même rendu infirme.

A une période plus avancée de la vie, vers la seizième ou la dix-septième année, la suractivité nutritive des os s'atténuera; les muscles se développeront rapidement et leurs reliefs apparaîtront. L'adolescent deviendra vraiment un homme; il ressentira une vigueur toute nouvelle. Sa résistance s'accroîtra beaucoup. Toutefois, à cette période avancée de l'adolescence, l'organisme ne présente pas encore une résistance parfaite. Il faut craindre, si l'on abandonne le sujet à toute sa fougue et à toute son ardeur, qu'il surmène son cœur ou qu'il distende les points faibles de sa paroi abdominale.

Ce que l'on cherchera, à ce moment de la vie, c'est le développement de la poitrine et le simple entraînement du cœur. On y parviendra en ayant recours aux exercices à effets généraux que l'instructeur avait encore rejetés de 13 à 15 ans, c'est-à-dire pendant les trois premières des cinq ou six dernières années que dure la période pubertaire.

Quels seront ces exercices ? D'abord les exercices éducatifs qui intéresseront tour à tour la tête, le cou, les membres supérieurs, les membres inférieurs séparément et ensemble; ensuite des exercices de suspension, des exercices symétriques et asymétriques, d'équilibre, des exercices de marche, de course et de saut, des exercices des muscles dorsaux, latéraux du tronc et abdominaux. Après quoi, seront employés tous les exercices naturels de marche, course et saut, grands et petits jeux.

Les sauts intéressent tous les muscles, mais avec élection les muscles des membres inférieurs; le lever, le grimper et le lancer, les muscles du tronc et des membres supérieurs; la course de vitesse et de fond intéresse les grandes fonctions et développe la résistance générale; les rétablissements, les sauts avec appui des mains et les exercices d'équilibre font ressortir l'audace et la souplesse; la natation, la boxe, la lutte et l'aviron sont des exercices complets.

C'est vers la dix-septième ou la dix-huitième année que le rôle du médecin réapparaîtra encore une fois comme capital. Ce dernier sera appelé à constater les résultats de l'éducation physique secondaire. Son intervention devra être effective. Elle se traduira par la rédaction d'une fiche médicale comprenant l'indication du poids, de la taille, du périmètre thoracique, de l'élasticité thoracique, et celle que donne le spiromètre. A ces énumérations s'ajoutera la constatation de l'état des viscères. Enfin cette période de l'éducation physique sera close par un certain nombre d'épreuves à la suite desquelles le sujet sera jugé ou non en état d'aborder l'éducation physique du troisième cycle, celle qui est dite : éducation physique supérieure (sportive et athlétique).

3. Éducation physique supérieure (sportive et athlétique).

Elle est le couronnement et la conclusion logique des deux périodes précédentes. Elle comprend :

1° *Les exercices éducatifs*;

2° *Les exercices d'application* : marche, course, saut, escalade, équilibre, lancement, transport de fardeaux, natation, attaque et défense;

3° *Les sports* : hockey, ballon militaire, cricket, bicyclette, ski, pelote basque, tennis, escrime, équitation, natation, aviron, foot-ball, rallye, cross-country, lancements divers, lever de poids et d'haltères, boxe, lutte, canne, bâton, jiu-jitsu, etc.;

4° *Les exercices athlétiques aux agrès* : barre fixe, barres parallèles, anneaux, trapèze, saut au tremplin, etc.

Pendant cette période, l'éducateur recherchera d'abord la réalisation du *type d'athlète complet* : type fait à la fois de force, de fond et de vitesse. Puis spontanément, par le fait de prédispositions naturelles ou de tendances individuelles, naîtra la spécialisation.

3 *bis*. Éducation physique de l'âge mûr.

Après 30 ou 35 ans, âge auquel les exercices athlétiques deviennent pénibles ou même dangereux pour la santé, les exercices physiques demeurent utiles. Ils le sont encore au seuil de la vieillesse. Il n'est pas question de guérir par une gymnastique ou des sports appropriés les infirmités de la pleine sénilité, mais de reculer l'époque de la déchéance et de la cachexie définitives.

En quelques mois on peut, dans l'âge mûr, par des moyens physiques appropriés, obtenir un rajeunis-

ment remarquable, redresser la taille, supprimer
son empâtement, donner au visage le coloris de la
bonne santé, rendre aux muscles leur souplesse et à
la démarche son élasticité, faire renaître le sommeil,
l'appétit et les forces.

L'exercice modéré et certains sports, en ralentis-
sant la désassimilation et en excitant l'assimilation,
reculent l'heure de l'apparition de la vieillesse.

A tout âge on peut espérer une réforme heureuse
d'un organisme encombré de toxines et de poisons
en employant une série de moyens et de procédés qui
feront ci-après l'objet d'un chapitre spécial.

4. Adaptations professionnelles.

A ce but général s'ajoute forcément des buts particuliers, comme par exemple les adaptations à une
fonction donnée professionnelle, militaire, etc. On a
quelquefois pensé que ces adaptations pouvaient
suffire à elles seules à toute l'éducation physique.
Séduisante ou commode que paraisse cette idée,
elle est controuvée tant par les lois physiologiques que
par les faits. — Le développement général rend facile
et rapide toute adaptation spéciale et assure mieux
son perfectionnement ultérieur. D'autre part cette
conclusion a limité les adaptations spéciales qu'il
vient d'étudier dans chaque cas avec précision.

CONCLUSION. — L'éducation physique commen-
cée dès le foyer, poursuivie à l'école et s'épanouissant
dans les sports, doit beaucoup aider à la relève
de la race française, présentement affaiblie par une
formidable saignée. En détournant la jeunesse du
cabaret et en l'exerçant au grand air, les compétitions
sportives représentent peut-être le moyen le plus
efficace que nous ayons contre l'alcoolisme et la
tuberculose.

ÉDUCATION PHYSIQUE ÉLÉMENTAIRE

(ENFANTS DES DEUX SEXES DE 4 A 13-14 ANS.)

CHAPITRE PREMIER

BUT, PRINCIPES ET ORGANISATION DE L'ÉDUCATION PHYSIQUE ÉLÉMENTAIRE.

1. **BUT.** — Développer normalement les facultés physiques de l'enfant, parallèlement avec ses facultés mentales, selon les lois physiologiques de la croissance.

Ce développement normal assure la santé, la vivacité, l'équilibre nerveux et la robustesse de l'enfant; il exerce une action bienfaisante sur ses qualités intellectuelles et morales.

2. **PRINCIPES.** — L'éducation physique élémentaire repose sur les principes généraux suivants :

Détermination de groupes aussi homogènes que possible au point de vue de l'âge physiologique;

Classification des exercices et jeux convenant à chaque groupe;

Attrait des exercices;

Contrôle périodique sur l'éducation physique.

1er Principe. — Détermination de groupes homogènes au point de vue physique. Fiche individuelle. — La détermination des groupes homogènes, qui seront exercés ensemble, sera faite par le médecin, après visite médicale initiale (dans les écoles, dès le début de l'année scolaire). Il serait dangereux de vouloir déterminer la valeur physique des enfants à l'aide de performances; leur amour-propre exagéré et leur instabilité physique enlèvent toute valeur réelle à ce genre de détermination.

En principe on envisagera les groupes suivants :

 a) de 4 à 6 ans;
 b) de 6 à 9 ans;
 c) de 9 à 11 ans;
 d) de 11 à 13-14 ans.

Ces chiffres sont de simples indications. — Au cours de cette visite initiale, le médecin indique à quel groupe seront rattachés les enfants, quel que soit leur âge, en tenant compte surtout de leur stade de croissance, indiqué par leurs proportions corporelles et leur état général. Il indique de même ceux qui doivent être dispensés de tout exercice ou de certains exercices; il en donne à l'éducateur les causes et indique les exercices, d'ordre médical, propres à y remédier, s'il y a lieu.

Fiche. — Une fiche individuelle est établie pour chaque enfant, selon les indications et les mensurations du médecin. Cette fiche est destinée à suivre l'enfant jusqu'à l'âge adulte.

5. 2ᵉ Principe. — *Classification des exercices et jeux convenant à chaque groupe.* — L'éducation physique élémentaire, correspondant aux groupes normalement homogènes *a, b, c* et *d*, comprend pour chacun d'eux :

a) de 4 à 6 ans { Comme ci-après de 6 à 9, mais en groupe à part.

b) de 6 à 9 ans. { Petites évolutions. — Rondes chantées. Jeux et mouvements d'imitation. — Exercices éducatifs et correctifs mimés. — Petits jeux collectifs. — Jeux respiratoires.

c) de 9 à 11 ans. { Évolutions et formations simples. — *Mouvements éducatifs* à mains libres. — Éducation respiratoire. — Exercices et jeux mimés. — Petits jeux collectifs. — Préparation aux applications. — Éducation sensorielle. — Natation.

d) de 11 à 13-14 ans. { Comme de 9 à 11 ans. De plus, *applications élémentaires.*

6. 3ᵉ Principe. — *Attrait des exercices.* — L'éducation physique monotone et sévère ne convient ni à l'enfant, ni à l'adulte. — L'attrait de l'éducation physique élémentaire est assuré par le mélange des exercices et mouvements avec des petits jeux, soigneusement choisis, parmi les plus éducatifs, selon l'âge des groupes.

Outre la gaîté dans la leçon, le petit jeu donne la vivacité générale et prépare aux grands jeux et aux sports.

7. 4ᵉ Principe. — *Contrôle périodique de l'éducation physique élémentaire.* — L'éducation physique doit être contrôlée, tant pour juger des résultats généraux obtenus que pour guider l'éducateur et le médecin dans les déclassements individuels nécessaires et dans le dosage des leçons. Ce contrôle ne peut être fait que par le médecin aidé par l'éducateur.

Le médecin répète sa visite initiale avant les vacances de Pâques et avant les grandes vacances. Les résultats de

ces visites sont inscrits sur la fiche physiologique par
l'éducateur. (Voir modèle Annexe n° 2.)

Pour ce contrôle, le médecin utilise tous les procédés
de mensuration utiles (taille, poids, périmètres thoraci-
ques, spirométrie) voir Annexe n° 2.

A la fin des études primaires (certificat d'études primaires), il sera exécuté quelques mouvements choisis
parmi ceux du programme de la catégorie physique de
l'enfant. — Cet examen comportera *une partie de leçon
complète* exécutée par tous les candidats, ce qui permettra
de se rendre compte de leur valeur d'ensemble et de quelques épreuves individuelles. — Exemple : saut en longueur, suspension allongée, traction des bras.

8. ORGANISATION. — L'organisation de l'éducation
physique élémentaire résulte de la formation des groupes
indiqués ci-dessus. Dans les écoles, l'éducateur est soit
un instituteur breveté, soit un professeur d'éducation
physique pourvu des diplômes officiels. Le contrôle médical est effectué par le médecin désigné pour la surveillance
scolaire. L'ensemble de cette organisation et de l'éducation est vérifié et inspecté par des inspecteurs d'éducation physique.

CHAPITRE II.

COMPOSITION. — QUALITÉ ET CONDUITE DES LEÇONS.

9. L'éducation physique élémentaire est donnée par leçons collectives et complètes, *sauf l'exception indiquée* (*groupes de 4 à 9 ans et séances d'études*).

10. On appelle *leçon complète* une série de mouvements et jeux combinés de telle sorte qu'à la fin de la leçon l'élève ait mis en action successivement tous ses moyens physiques. — Les mouvements et jeux sont classés dans l'ordre ci-après selon les exercices fondamentaux qu'ils préparent, savoir :

1. Marcher. — 2. Grimper, Escalader, Équilibre. — 3. Sauter. — 4. Lever et porter. — 5. Courir. — 6. Lancer (main et pied). — 7. Attaque et défense.

La leçon commence par une mise en train et se termine par des exercices d'ordre et de retour au calme.

11. Durée des leçons. — La leçon du groupe de 4 à 6 ans dure au plus 15 minutes. Les leçons des autres groupes durent 25 à 45 minutes. *Elles sont journalières.*

12. Heures des leçons. — Les leçons sont données de préférence aux heures les plus éloignées des repas, de manière à couper le temps consacré aux classes et en *dehors des récréations ordinaires.* En principe, les heures les plus convenables sont, en hiver, l'après-midi de 2 h. 30 à 3 h. 30, et, en été, le matin de 8 h. 30 à 10 heures.

13. Tenue. — 1° *Garçons.* — Tête nue, tricot ou chandail en hiver, torse nu en été, culotte courte, jambes nues, espadrilles.

2° *Filles.* — Tête nue, blouse ample, culotte, jambes nues, espadrilles, ceinture ou bretelles souples à l'exclusion des ceintures caoutchoutées et des corsets.

14. Emplacement. — *En plein air,* sur terrain aménagé, à défaut cour; en cas de mauvais temps, préaux ouverts, gymnases aérés non poussiéreux.

15. Qualité de la leçon des groupes de 9 à 13 ans. — La leçon doit être non seulement *complète,* mais encore *continue, alternée, variée, attrayante, progressive* jusqu'à la première moitié de son cours environ, *dominée dans la deuxième moitié, respiratoire.* La leçon

trouble quand elle n'est coupée par aucun autre repos
que le changement d'exercices, ou les explications de
l'éducateur.

— Elle est *alternée* quand elle présente une succession
d'exercices intéressant alternativement les jambes et les
bras.

— Elle est *variée* quand l'éducateur y apporte fréquemment des changements d'exercices ou de jeux puisés dans
les tableaux d'éléments.

— Elle est *attrayante* si les exercices sévères sont judi-
cieusement mélangés de jeux et si les jeux sont réellement « joués » et non traités comme un exercice.

— Elle est *progressive, dégressive* si l'intensité des exercices va en augmentant jusqu'à la moitié de la leçon pour
décroître ensuite.

— Elle est *respiratoire* par le choix même des exercices et
par le bon emploi des exercices respiratoires.

16. Toutes ces qualités sont réalisées, si l'on
observe avec soin les dispositions indiquées pour la composition d'une leçon dans l'ordre des exercices donnés au
paragraphe 10. Les exercices de saut, de lever-porter et
de course marquent le sommet de la leçon. Toujours
exercer également les membres gauches et les membres
droits.

17. Exceptions à la leçon complète. — (Groupes de 4 à
6 ans et de 6 à 9 ans et *séances d'études*).

a) Le groupe de 4 à 6 ans (maternelles) n'exécute pas de
leçons complètes. — L'éducateur choisit dans les éléments
du chapitre III (4 à 9 ans) 3 ou 4 exercices ou jeux
intéressant toutes les parties du corps. Il les enseigne
aux enfants de façon qu'ils soient capables à 6 ans d'exécuter la leçon prévue pour le groupe de 6 à 9 ans.

b) Le groupe de 6 à 9 ans exécute des leçons spéciales
déterminées par le chapitre III.

c) La séance d'études est celle où l'on apprend sans hâte
les divers éléments de leçons.

18. Composition des leçons. — Pour composer une
leçon, en faire d'abord le canevas selon le groupe d'enfants dont il s'agit et d'après les indications des chapitres
suivants. Ce canevas comprend la *mise en train*, sept
familles d'exercices alternés et le *retour au calme*.
Choisir les exercices ou jeux dans les tableaux d'éléments, en commençant par les plus faibles. Introduire
dans le canevas le nombre d'exercices et jeux indiqués
par le *régime de la leçon*. Voir les exemples de leçons ci-
après.

NOTA. — Les exercices ne convenant pas aux filles sont
italiques. Ceux qui leur sont particuliers sont indiqués *filles*.

19. Régime de la leçon. — On appelle *régime de la leçon* la proportion de mouvements éducatifs, de jeux ou d'applications que doit comprendre chaque famille d'exercices fondamentaux, au cours de la leçon complète.

20. Conduite de la leçon. — *a*) La conduite d'une leçon est surtout une question de **pratique pédagogique** de la part de l'éducateur. La meilleure manière de se rendre compte de l'intensité d'un exercice est de l'exécuter soi-même. En outre, l'observation attentive des élèves, l'apparition normale d'un léger essoufflement ou de la sueur donnent également de précieuses indications.

b) Avant la leçon, faire moucher, uriner, etc... Examiner la propreté du corps et faire layer la peau s'il y a lieu pour faciliter sa fonction au cours de la leçon.

c) *Mise en train.* — Vive par temps froid ou humide, lente par temps chaud ou normal.

d) *Leçon proprement dite.* — Consacrer les premières séances à l'étude des exercices et jeux choisis pour composer la première leçon complète. Dans la leçon complète, conduire les exercices et jeux de façon à ne pas prolonger les uns aux dépens des autres. En principe, cesser un exercice ou jeu dès qu'il a produit l'effet voulu. Exiger peu à peu le silence et l'ordre dans les exercices. Au contraire, *laisser une détente complète dans les jeux (rire, crier, etc.).* Soigner particulièrement le *développement respiratoire nasal.*

e) *Retour au calme.* — Obtenir le calme dans l'organisme; disparition de tout essoufflement ou sueur. Vérifier le pouls, la respiration de quelques sujets.

21. Commandements. — *a*) *Pour les mouvements.* — Obtenir l'attention par le commandement *Attention.* (Ne pas exiger le garde à vous militaire absolu).

A l'imitation, exécuter et faire exécuter l'exercice après l'indication : «Faites comme moi».

A commandement, indiquer et montrer l'exercice à faire, commander au besoin «En position», puis «Commencez».

Eviter de compter sans cesse, à moins qu'il ne s'agisse spécialement d'exercices rythmés. Faire varier le rythme.

Le commandement de «Cessez» comporte le retour à la position de départ.

Se placer de façon à voir tous ses élèves et à être vu d'eux.

Dans les déplacements, laisser marcher librement, mais à sa place dans le groupe.

Employer si l'on veut le sifflet pour remplacer les commandements de «Commencez», «Cessez».

b) *Pour les jeux.* — Indiquer le jeu en disant : «Nous allons maintenant jouer à tel jeu» — «Jouez» — puis

coup de sifflet pour faire cesser et reprendre la formation
qu'indique l'éducateur.

22. Chant. — Le chant a des effets physiologiques
sur l'action respiratoire. Le chant n'est ici *qu'un moyen*.
Il doit être court. Mais il est recommandé de chanter juste
autant que possible. A la fin de la leçon, le chant est un
moyen de contrôle.

CHAPITRE III

TABLEAU DES ÉLÉMENTS ET EXEMPLES DE LEÇONS POUR ENFANTS DE 4 À 9 ANS.

(Garçons et Filles.)

Durée de la leçon : 15 à 25 minutes.

Deux groupes { 1° de 4 à 6 ans.
{ 2° de 6 à 9 ans.

23. BUT. — Assurer la santé et l'harmonie des fonctions organiques. — Distraire les enfants en utilisant les moyens naturels et leur faculté d'imitation. — Éduquer l'ouïe, la vue et le toucher.

24. PROGRAMME. — Rondes, jeux et mouvements d'imitation, petits jeux collectifs, jeux respiratoires.

25. TABLEAU DES ÉLÉMENTS POUR COMPOSER LES LEÇONS.

1° Mise en train. — *a) Évolutions.*

Colonne par un.
Marche sur la pointe des pieds.
Marche avec élévation des genoux.
La serpentine.
Les cercles.
L'escargot.
La chaîne roulée.

b) Rondes avec chants.

Le pont d'Avignon.
Savez-vous planter les choux.
La Mère Michel.
Il court, il court le furet.
Rondes avec arrêts en positions et attitudes diverses, etc.

c) Habituer l'enfant à prendre petites formations et différentes distances.

d) Jeux d'imitation.

Le chemin de fer.
Le nain et le géant.
Les mains brûlent.
Mort et vivant.
Le héron.
Les hommes de bronze.

La course à la mouche.
L'envolée des oiseaux.
Le polichinelle.
La culbute en avant (en boule).
Le cheval au manège.

2° Leçon proprement dite. — *a) Mouvements d'imitation.*

Le pompier.
Le balayeur.
Le dessinateur.
Le sonneur de cloches.
Le rémouleur.
Le joueur d'orgue.
Le menuisier.
Le nageur (bras).
Le tireur d'eau.
Le nageur (jambes).
Le tailleur (assis et debout).
La cycliste (couché sur le dos, mouvements des jambes).
La marche des gendarmes.
Le boxeur.

b) Exercices mimés (à l'imitation du professeur).

Mouvements des bras.
Mouvements des jambes.
Mouvements du tronc.
Exercices d'équilibre.
Flexion et extension des membres inférieurs, etc.

(Ne pas rechercher particulièrement la correction plastique, mais veiller surtout à une bonne exécution en ce qui concerne la raideur et les attitudes maintenues.)

c) Petits jeux collectifs.

La chandelle.
Le chat et la souris.
Les prisonniers.
Colin-maillard.
Les coins.
Pigeon vole modifié (à la voix et au sifflet).
L'aéroplane.
L'Ogre et le Petit Poucet.
Le loup et l'agneau.
Petites courses avec arrêts en positions et attitudes
  variées.

d) Exercices d'ordre et de retour au calme. Respiratoires.

La soupe trop chaude.
Souffler la chandelle.

Les bulles de savon.
Le soleil.
La fusée.
Imiter le sifflet de la locomotive.
Le cocorico prolongé.
La sirène.
Le chanteur.
Sentir la fleur.
Boire dans le creux de sa main.

b) Rondes et marches lentes à volonté, avec ou sans chants.

c) Exercices respiratoires.

Respiration nasale.
Respiration nasale gauche en fermant la narine droite avec le doigt sans exagérer la pression.
Respiration nasale droite (même recommandation).
Respirer en portant les épaules en arrière.
Respirer en exécutant la circumduction des épaules.
Même exercice avec élévation des bras fléchis latéralement.

26. Nota. — Les exercices respiratoires (3 ou 4 respirations amples et profondes) seront faits au cours de la leçon chaque fois que le professeur le jugera utile, *mais sans exagération.* Ils sont obligatoires à la fin de la mise en train et dans les exercices d'ordre et de retour au calme.
Ces exercices sont difficiles à obtenir des tout jeunes enfants, autrement que sous la forme des jeux indiqués. Il faut cependant y attacher la plus grande importance, l'intégrité de l'appareil respiratoire étant l'une des bases du développement de l'enfant et de l'adolescent. (Songer aux végétations chez l'enfant qui ne prend pas de plaisir aux jeux, qui est peu intelligent, etc.)

27. EXEMPLES DE LEÇONS D'ÉDUCATION PHYSIQUE ÉLÉMENTAIRE.

Enfants de 4 à 6 et de 6 à 9 ans (Garçons et Filles).

28. 1° Exemple de leçon.

I. Mise en train. — Donnez-vous la main et formez un rond.

Rondes avec chants (savez-vous planter les choux, les planter avec la main, les pieds, les genoux).
Le chemin de fer (les élèves se placent les uns derrière les autres et se tiennent par les épaules. Imiter le bruit de la locomotive en accélérant progressivement l'allure pour revenir ensuite à la marche normale). Exercices respiratoires.

II. Leçon proprement dite. — *a) Mouvements d'imitation.*

Les pompiers (en ligne) flexion et extension des jambes.
Le sonneur de cloches (en ligne) flexion et extension du tronc.

b) Exercices mimés.

Le professeur fait face aux élèves qui exécutent en même temps et sans arrêt les exercices démontrés.

Elévation des bras tendus en avant, sur le côté, verticalement.
Elévation de la jambe fléchie en avant.
Elévation de la jambe fléchie sur le côté.
Le rythme sera lent pour commencer. Les mouvements seront exécutés bien liés pour *éviter les attitudes maintenues.*

c) Petits jeux collectifs.

Les prisonniers.
L'Ogre et le Petit Poucet.

III. Exercices respiratoires d'ordre et de retour au calme.

La soupe trop chaude.
Exercices respiratoires en portant les épaules en arrière.
Rondes marchées avec chants.

29. **2° Exemple de leçon spéciale (6 à 9 ans).**

I. Mise en train. — Formez la colonne par 1.
Formez le cercle et donnez-vous la main.
La chaîne roulée.
Lâchez-vous les mains et en position pour le cheval au manège (au pas, au trot, au galop, sur place).
Respirez.

II. Leçon proprement dite. — *a) Mouvements d'imitation.*

Le tailleur (flexion des membres inférieurs), s'asseoir sur le sol et extension rapide pour se replacer debout.
Le nageur (mouvements des bras seuls).
Le *cycliste* (couché sur le dos), imiter le mouvement de pédaler, augmenter progressivement la vitesse.

b) Exercices mimés.

Sauter jambes écartées, en élevant les bras tendus latéralement.
Elever les bras à la position verticale.
Abaisser les bras en avant en fléchissant le tronc, les mains jusqu'au sol. — Se redresser lentement, extension du tronc, bras verticaux.
Abaisser les bras à la position latérale.
Fléchir le tronc latéralement à gauche, main gauche

rapprochée du sol, bras droit étendu verticalement dans le prolongement du bras gauche.

Même exercice à droite.

Sursaut pour rassembler les jambes, bras dans le rang.

Recommencer ces exercices 3 ou 4 fois.

c) Petits jeux collectifs.

Pigeon vole modifié.

Le loup et l'agneau (former plusieurs jeux de 12 élèves au maximum)

III. Exercices respiratoires et retour au calme.

La fusée.

Le soleil.

Boire dans le creux de sa main.

Exercices respiratoires avec circumduction des épaules.

Rondes lentes avec chants.

30. Nota. — 1° L'exécution d'une leçon complète est précédée de *séances d'études* au cours desquelles on apprend sans hâte aux enfants les exercices et les jeux qui serviront à composer les leçons. Ce n'est que lorsque ces éléments sont suffisamment connus que le professeur fait exécuter une leçon complète. Par la suite, il change de temps à autre un ou deux exercices ou jeux de manière à varier les leçons et à en graduer légèrement l'intensité à mesure que les enfants connaissent les divers éléments des leçons de leur catégorie.

2° Éviter toute rigidité, toute contraction statique, toute immobilité prolongée et toute monotonie du rythme. Avec les exercices mimés, il est absolument inutile de faire compter les temps par les élèves.

CHAPITRE IV.

TABLEAU DES ÉLÉMENTS ET EXEMPLE DE LEÇONS POUR ENFANTS DE 9 A 11 ANS.

(Garçons et Filles).

Durée de la leçon : 25 à 30 minutes.

31. BUT. — Assurer la santé. Développer normalement les fonctions organiques et particulièrement la fonction respiratoire. Perfectionner harmonieusement l'organisme mental, nerveux et musculaire, ce dernier sans exagération. Perfectionner l'ouïe, la vue et le toucher. Combattre les mauvaises attitudes. Rechercher la vivacité.

32. Programme. — Mouvements éducatifs simples. Éducation respiratoire. — Mouvements d'imitation, petits jeux collectifs et préparation aux applications.

33. Régime de la leçon. — En principe, un mouvement éducatif ou d'imitation par famille d'exercices et deux jeux collectifs.

34. Nota. — I. Chaque fois que cela sera possible, promenade dans la campagne avec jeux d'éducation sensorielle (ouïe, vue, toucher).

II. Remplacer peu à peu une leçon sur six par un ou deux jeux seulement, encadrés cependant de la mise en train et du retour au calme. Choisir alors ces jeux parmi ceux qui présentent des règles et enseigner la discipline de jeu, la solidarité d'équipe, *très strictement*, en faisant comprendre la supériorité sur le système « chacun pour soi », qui ne fait jamais gagner. (*Préparation aux sports.*)

Exemple de ces jeux : Le ballon libre (à la main). Le volley-ball..., etc.

35. — TABLEAU DES ÉLÉMENTS POUR COMPOSER LES LEÇONS.

1° Mise en train. — a) *Évolutions et formations simples.*

Colonne par 1, par 2, par 3, par 4.
A gauche. A droite.
Rompre et se rassembler.
Prendre les différentes distances.
Marches normales à différentes cadences.
Marches chantées.

b) Mouvements éducatifs.

Bras. — Mouvements n°: 1, 2, 3, 4, 5, 6, 7, 11, 12, 13. (Voir Annexe n° 1.)

1. Porter les épaules en avant et en arrière.
2. Circumduction des épaules.
3. Circumduction des bras d'avant en arrière.
4. Circumduction des bras d'arrière en avant.
5. Circumduction des bras croisés devant le corps.
6. Petites et grandes circumductions avec extension et flexion des mains et des doigts.

Ces exercices s'exécutent de pied ferme en marquant le pas et en marchant (coordination, éducation du système nerveux).

Jambes. — Flexion et extension des membres inférieurs. Exercices n°s 8, 9 et 10. (Voir Annexe n° 1.)

Tronc. — Fente fléchie en avant, obliquement et latéralement. Exercices n°s 15, 16 et 17. (Voir Annexe n° 1.)

Mouvements combinés.

1. Fente avant avec mouvement n° 5 de l'Annexe n° 1.
2. Fente latérale avec mouvement n° 3 de l'Annexe n° 1.
3. Fente oblique avec élévation d'un bras dans le prolongement du tronc.
4. Fente fléchie avec mouvements de bras.
5. Flexion des membres inférieurs et fente en avant.
6. Flexion des membres inférieurs et fente latérale.

Mouvements dissymétriques.

1. Circumduction des poignets en sens opposé.
2. Le charcutier.
3. Circumduction des 2 bras parallèles.
4. Tirer la sonnette du bras gauche et tourner la manivelle du bras droit.
5. Cercle des mains en sens opposé, etc.

2° Leçon proprement dite.

1° Marcher. — *a) Mouvements éducatifs.*

1. Marche des gymnastes (en se séparant à droite et à gauche).
2. Marche sur la pointe des pieds.
3. Marche allongée avec grand balancement des bras.
4. Marche au pas de chasseurs (extension).
5. Marches en avant, en arrière, de côté, oblique.
6. Marche avec circumduction des épaules.
7. Marche en flexion du tronc.

Il est préférable de ne pas cadencer tous ces mouvements.

b) Mouvements d'imitation.

1. La serpentine.
2. La spirale.
3. L'étoile.
4. Cercles intérieurs et extérieurs.
5. Les ailes du moulin.
6. Les canards.
7. Le quadrupède.
8. Le crabe.
9. Le géant.
10. L'homme-serpent.
11. Les mille pattes.

2° Grimper. Escalader. Équilibre. — *a) Mouvements éducatifs. Équilibre.*

1. Tenir en équilibre un bâton dans la main sur place et en marchant.
2. Élever le genou et le maintenir dans les deux mains, doigts croisés.
3. Élever la jambe tendue en avant, bras tendus en avant.
4. Élever la jambe tendue latéralement, bras latéraux.
5. Élever la jambe tendue en arrière, bras verticaux.
6. Élever la jambe tendue en arrière, avec circumduction lente des bras.

Suspension.

1. Barre à hauteur de ceinture, suspension inclinée, pieds au sol, bras allongés, bras fléchis.
2. Suspension inclinée, élever le genou, étendre la jambe.
3. Suspension inclinée, élever la jambe tendue.
4. Mêmes suspensions et mêmes mouvements en diminuant la hauteur de la barre.
5. Sauter à la suspension allongée à une barre ou aux deux barres, à terre et exécuter le mouvement plusieurs fois.
6. Suspension allongée à une barre ou aux deux barres, élévation du genou.
7. Suspension allongée (1 barre), translation latérale.
8. Suspension aux deux barres. — Progression en avant, en arrière.

Appui.

1. Appui au mur, flexion des bras.
2. Barre ou poutre à hauteur de ceinture, sauter à l'appui tendu (plusieurs fois).
3. Poutre à faible hauteur, progression à cheval, en avant et en arrière.
4. Se tenir en équilibre sur une jambe (gauche et droite).
5. S'asseoir sur la poutre, se mettre à cheval et debout.

[illegible]
[illegible]

Mouvements d'imitation.

1. Le boxeur.
2. Le grimpeur.
3. Le nageur.
4. Le puits.
5. La roue.
6. Les rameurs.
7. *Le cycliste sur le dos.*
8. Chat perché (équilibre).
9. Chat suspendu (arbres, perches, cordes).
10. L'écureuil (de plus en plus haut à chaque coup de sifflet).

II. **Sauter.** — *a) Mouvements sur place.*

1. Sautillements sur place [illegible].
2. Sautillements sur place avec écartement des jambes.
3. Sautillements sur place avec écartement [illegible] en deux temps.
4. Sauts sur place avec élévation des genoux.
5. Sautillements en avant et en arrière.
6. Sautillements latéraux.
7. Sautillements successifs, avec expiration [illegible] les bras s'élevant verticalement.
8. Balancement des bras avec flexions [illegible] latérales.
9. Même mouvement et raffermissement avec [illegible] des bras.
10. Flexion des [illegible]
11. *b)* Sauts sur place allongés et hauts [illegible]
12. Plusieurs pas de flexion et saut en longueur.
13. Même mouvement et Sauter sur place [illegible] place et de côté.

Nota. L'appel pour les exercices 11 à 12 [illegible].

c) [illegible]

1. Le cloche-pied.
2. Les tours sur un pied.
3. Le saut à la corde.
4. Pigeon vole modifié avec sauts.
5. Le pas de géant.
6. Les [illegible]
7. La poursuite [illegible] cloche-pied.

III. **Lever, Porter.** — *a) Mouvements [illegible]*

1. Station écartée, flexion et extension [illegible]

Même mouvement, en élevant les bras latéralement.

3. Station écartée, flexion latérale du tronc.
4. Station écartée, bras tendus latéralement, porter la main le plus bas possible vers le mollet.
5. Fente avant avec élévation des bras tendus dans le prolongement du tronc.
6. Rotation du tronc en élevant les bras latéralement.
7. Circumduction du tronc.

b) *Mouvements d'imitation.*

1. Le boulanger.
2. Le scieur de long (face à face).
3. Le faucheur (droite et gauche) sur place et en avant.
4. Le scieur de pierres.
5. Les pompiers (face à face).
6. La manivelle.
7. Les rameurs (assis mains liées).
8. La vague (en ligne et en colonne).
9. Le terrassier.
10. La bascule dorsale (assis).
11. La chaise à porteurs.
12. La cruche et les pots de beurre.
13. Porter un objet sur la tête (plaquette de bois, balle ou ballon en équilibre, paniers, etc.)

5° Courir. — a) *Mouvements éducatifs.*

1. Sautillements d'une jambe sur l'autre avec élévation du genou.
2. Lancer la jambe en avant, latéralement, obliquement, en arrière.
3. Élévation rapide du genou, près de l'épaule et extension complète de la jambe en avant.
4. Élévation rapide du genou.
5. Évolutions en courant en avant, en arrière, latéralement, avec élévation des genoux.
6. Courir, s'arrêter, repartir.

Ne pas cadencer ces mouvements.

b) *Jeux.*

1. La queue leu leu.
2. Les courses attelées.
3. La balle au pot.
4. Les petits paquets.
5. Le loup et les moutons.
6. La balle au chasseur.
7. L'épervier.
8. Les coins.
9. Courses au cerceau.
10. Les gendarmes et les voleurs.
11. Le chat coupé.

12. Pile ou face.
13. La navette.
14. Le chat malade.

6° Lancer. — *a) Mouvements éducatifs.*

1. Station demi-écartée, circumduction des bras alternativement d'avant en arrière et d'arrière en avant.
2. Station demi-écartée, circumduction des bras simul-
   tanément d'arrière en avant et d'avant en arrière.
3. Station écartée, rotation du tronc, en élevant les
   bras latéralement.
4. Même exercice que 3 en combinant la flexion et la
   rotation du tronc.
5. Fente avant, mouvement des bras étendus dans un
   plan vertical et flexion du tronc.
6. Même exercice que 5 en rassemblant sur la jambe
   avant.
7. Fente avant, mouvement des bras étendus dans un
   plan horizontal et rotation du tronc.
8. Passer de la fente avant à la fente arrière en fléchissant alternativement sur la jambe avant, puis
   arrière, bras étendus le long du corps (répéter
   ces exercices à gauche et à droite).
9. Geste de lancer la balle, bras fléchis.
10. Geste de lancer la balle, bras étendus, par en haut.
11. Geste de lancer la boule par en bas.
12. Geste de lancer le poids.
13. Geste de lancer le javelot.
14. Geste de lancer le disque.

Nota. — Tous ces mouvements sont exécutés du bras
droit et du bras gauche (et à vide sauf le lancer de balle).

15. Lancer le ballon avec l'un et l'autre pied.

b) Mouvements d'imitation.

1. Le jongleur (imitation).
2. Le moulin à vent.

c) Jeux.

1. Le tir au pigeon.
2. Courir, lancer une balle et la **rattraper** avant qu'elle
   ne touche le sol.
3. Passe-passe avec pierres légères ou ballons, à deux
   mains (augmenter progressivement les distances).
4. Le va-et-vient (à deux).
5. Lancer une balle à un adversaire qui l'attrape et la
   relance immédiatement (compétition par groupe).
6. La balle en posture.
7. La balle au pot.
8. Le massacre.
9. La balle au terrain acquis.

10. Étude de la balle au mur.
11. Le va-et-vient au pied. (Lancer un ballon placé sur le sol à un adversaire qui le reçoit dans les mains et le renvoie avec le pied.)
12. Le volley-ball. — *Filles* : Les grâces, le volant, le diabolo.

7° Attaque et défense. — *a) Mouvements éducatifs et d'imitation.*

1. Imiter le boxeur (pieds et mains).
2. Lutte d'épaules (répulsion).
3. Lutte de côté (répulsion).
4. Lutte dos à dos (répulsion).
5. Pousser par derrière un camarade qui résiste.
6. Boxe (la garde, étude des coups de poing directs).
7. Prise des poignets.
8. Prise des avant-bras.
9. Prise au corps (l'un cherche à exécuter la prise, l'autre cherche à l'éviter).
10. Lutte de traction par les poignets.

b) Jeux.

1. On ne passe pas (face à face).
2. Les deux camps.
3. *Manchot est maître chez soi.*
4. *Le combat de coqs.*
5. Les chandelles empoisonnées
6. Le ballon libre (à la main).

3° Exercices d'ordre et de retour au calme.

Marche lente. — Jeux ou exercices respiratoires. — Marche avec chant ou sifflet (contrôle).

NATATION. — ÉDUCATION SENSORIELLE.

Natation. — 1° Faire exécuter les exercices de natation à sec, coordonner les mouvements de bras et de jambes.

2° Habituer l'enfant, dans un endroit où il a pied, à se mettre à l'eau, à immerger la tête, à jouer avec un ballon ou un objet brillant plus lourd que l'eau.

3° Faire exécuter les exercices de natation avec calme, l'enfant étant soutenu par l'instructeur.

Ouïe. — Vue. — Toucher. — *Ouïe.* 1. Aller dans la campagne, faire écouter les bruits lointains et en faire donner l'interprétation. — 2. Jeux d'écoute.

Vue. 1. Aller dans la campagne, faire regarder et décrire des objets naturels lointains. — 2. Jeux de vue.

Toucher. 1. Jeux de toucher avec interprétation sans l'aide de la vue ni de l'ouïe.

36. EXEMPLE DE LEÇON POUR ENFANTS DE 9 A 11 ANS.

Garçons et Filles. — Durée : 30 minutes.

1° Mise en train. — Rassemblement sur deux rangs. Se former par quatre, marches avec chants. Marche des gymnastes (en se séparant à droite et à gauche), faire un tour et revenir à sa place (formation favorable pour un terrain étroit).

Bras et jambes. — En marchant, élever les bras verticalement (4 temps). En marchant, élever les bras latéralement, poignets en souplesse (4 temps).

Tronc. — Sur place, flexion et extension du tronc (en souplesse). En marchant, mouvements d'épaules en avant et en arrière avec exercices respiratoires.

Exerc ces dissymétriques. — Le charculier.

2° Leçon proprement dite.

1° Mar-cher.	Marche sur la pointe des pieds.
2° Grim-per.	Elévation du genou ; le maintenir dans les deux mains, doigts croisés.
3° Sauter.	Sautillements sur place avec écartement latéral des bras et des jambes. Jeu : pigeon vole avec sauts.
4° Lever-porter.	Flexion latérale du tronc (en portant un bras au-dessus de la tête et en partant de la station écartée.)
5° Courir.	Sautillements d'une jambe sur l'autre avec élévation du genou.
6° Lancer.	Station demi-écartée. Les ailes du moulin. Jeu : balle au terrain acquis.
7° Attaque et défense.	Lutte de côté (se tirer).

3° Exercices d'ordre et de retour au calme.

Marche lente en respirant.
Marche avec chant. S'arrêter et rompre les rangs.

CHAPITRE V

TABLEAU DES ÉLÉMENTS ET EXEMPLES DE LEÇONS POUR ENFANTS DE 11 A 13-14 ANS.

(Garçons et Filles.)

Durée de la leçon : 30 à 45 minutes.

37. BUT. — Comme de 9 à 11 ans. Donner aux exercices un caractère déjà plus utilitaire (applications élémentaires).

38. PROGRAMME. — Mouvements éducatifs à mains libres.
Éducation respiratoire.
Mouvements d'imitation.
Petits jeux collectifs.
Applications élémentaires et leurs études.

39. Régime de la leçon. — En principe, un mouvement éducatif ou d'imitation ou une application par famille d'exercices, dans la proportion de quatre mouvements et de trois applications pour la leçon complète et deux jeux collectifs.

40. NOTA. — Même nota qu'au chapitre IV (Éducation sportive, leçons spéciales).

41. TABLEAU DES ÉLÉMENTS POUR COMPOSER LES LEÇONS.

1° Mise en train. — Évolutions et formations nécessaires à la bonne exécution des leçons. — Comme de 9 à 11 ans — ajouter les demi-tours sur place et en marchant.

Mouvements éducatifs. — *Bras.* — Mouvements complets n° 1, 2, 3, 4, 5, 6, 7, 11, 12, 13 (voir Annexe n° 1).

Jambes. — Comme de 9 à 11 ans plus les lancers de jambes en avant, obliquement, sur le côté et en arrière.

Tronc. — Ajouter aux mouvements prévus de 9 à 11 ans les n° 18, 19, 20 et 21 de l'Annexe n° 1.

Mouvements combinés. — Comme de 9 à 11 ans plus les fentes en avant, en arrière, latérales avec différents mouvements des bras.

Mouvements dissymétriques. — Ceux de 9 à 11 ans et ajouter circumduction des bras tendus en sens opposé.

Mouvements des bras fléchis et étendus avec un temps de retard.

2° Leçon proprement dite. — (Le numérotage des mouvements et jeux continue celui du groupe de 9 à 11 ans.)

1° Marcher. — *a) Mouvements éducatifs.* — Comme de 9 à 11 ans et ajouter : 7. Marcher sur les talons. Pour les filles études de danses lentes.

b) Mouvements d'imitation. — Comme de 9 à 11 ans à partir du n° 6, ajouter :

12. L'Ogre et le petit Poucet.
13. Le phoque (avant et arrière).

c) Applications. — Si possible, promenade assez longue, une demi-journée par semaine avec éducation sensorielle et débrouillage dans la campagne.

2° Grimper, Escalader, Équilibre. — *a) Mouvements éducatifs.* — Les mêmes que de 9 à 11 ans et ajouter :

Suspension.

9. Suspension inclinée, traction des bras.
10. Suspension inclinée, écarter et rapprocher les mains.
11. Suspension fléchie, progression en avant, en arrière aux deux barres et latéralement à une seule barre.
12. Mêmes progressions avec balancement du corps.
13. Suspension allongée. Élévation alternative des genoux, puis élévation simultanée.
14. Suspension allongée, traction des bras.

Appui.

7. Appui sur une barre à différentes hauteurs.
8. Même appui sur deux barres.
9. Appui avant (à terre).
10. Franchir une barre avec appui d'un pied (gauche et droit).

b) Mouvements d'imitation. — Comme de 9 à 11 ans, plus :

11. La brouette.
12. La quille humaine.

c) Applications.

1. Grimper à l'échelle oblique (devant, derrière) et descendre, avec les pieds et les mains.
2. Grimper à la corde inclinée, bras et jambes.
3. Progresser à la poutre par dessous (bras et jambes).
4. Grimper à la planche inclinée à 45° (bras et jambes par dessus.)

5. Grimper aux cordes jumelles (bras et jambes) et arriver à descendre progressivement avec les bras seuls.
6. Même exercice aux perches jumelles.
7. Passer 4 mètres de poutre plane de 20 à 25 cent. de largeur à 2 mètres de hauteur.
8. Escalader un mur un peu élevé et le franchir.

3° Sauter. — *a) Mouvements éducatifs.* — Les mêmes que de 9 à 11 ans et ajouter :

13. Sauts sur place avec élévation rapide et alternative des jambes tendues (mouvements libres des bras).
14. Même saut précédé d'une petite course demi-circulaire (préparation au saut de côté).

b) Jeux. — Mêmes jeux que de 9 à 11 ans et ajouter :

8. Les pieds liés.
9. Le coupe-jarret (en cercle).
10. Le coupe-jarret (en colonne).
11. *Saute-mouton sur place.*
12. *Le saute-borne.*
13. *Le combat de coqs.*
14. Le kangourou.

c) Applications.

1. Saut en longueur avec élan.
2. Saut en longueur sans élan.
3. Saut en hauteur sans élan (de côté, de face, etc.)
4. Saut en hauteur avec élan (d°).
5. Saut en profondeur.
6. Saut avec appui des mains (gauche et droite).
7. Sauts combinés, hauteur et longueur.

4° Lever et porter. — *a) Mouvements éducatifs.* — Les mêmes que de 9 à 11 ans, et ajouter :

8. Flexion complète du tronc et extension du tronc avec circumduction des bras.
9. Fente avant, arrière, oblique, latérale, avec mouvements complets des bras.
10. Assis, pieds fixés au sol, extension et flexion du tronc.
11. Le même avec bras latéraux, puis verticaux.
12. A cheval sur un banc, rotation du tronc avec ou sans mouvements de bras.
13. Le même, bras verticaux, rotation du tronc, avec abaissement latéral des bras.
14. Porter un camarade sur les avant-bras placés horizontalement.

b) Mouvements d'imitation. — Les mêmes que de 9 à 11 ans et ajouter :

14. La chaîne debout par extension du tronc. (Objets de 3 à 5 kgr.)

15. La même en flexion du tronc.
16. La même en alternant la flexion et l'extension.
17. La chaîne latérale.
18. La chaîne en cercle.
19. La chèvre.
20. La chaîne face à face.

c) Applications.

1. Lever de pierres, poids ou haltères à deux mains (12 kgr. au maximum), d'une main (gauche et droite) 6 à 8 kgr. au maximum.
2. Soulever un camarade couché à terre en le prenant à deux mains par le cou.
3. Même exercice : placer le corps debout, raidi.
4. Descendre doucement à deux, un camarade debout et raidi en le soutenant sous les bras.
5. Transport d'un camarade sur le dos (en travers).
6. Sur le cou et les épaules.
7. A cheval sur le dos.

Nota. — Ne pas dépasser 10 à 15 mètres pour ces différents transports, allure lente, non cadencée.

5° Courir. — *a) Mouvements éducatifs.* — Les mêmes que de 9 à 11 ans et ajouter :

7. Etude de la foulée sur place.
8. Etude de la foulée en marchant.
9. Etude de la foulée en courant.
10. Etude du départ de course de vitesse.
11. Etude de l'arrêt de course.
(Ne pas cadencer — ne pas chercher l'ensemble.)

b) Jeux. — Les mêmes que de 9 à 11 ans et ajouter pour les *jeunes filles* danses lentes rythmées.

15. *La tortue.*
16. *La prière des Indous.*
17. Frapper Guillaume.

c) Applications.

1. Petites courses de vitesse (40 m. au maximum).
2. Parcours en foulée (Durée progressive de 1 à 3 minutes).

6° Lancer. — *a) Mouvements éducatifs.* — Les mêmes que de 9 à 11 ans.

b) Jeux. — Les mêmes que de 9 à 11 ans et ajouter :

13. La balle au mur.
14. La balle au chasseur.
15. La balle cavalière.
16. La paume à mains nues.
17. Le spiroball.
18. Le ballon libre.

Jeu de tennis.
Jeu d'arc.
Étude du foot-ball.

Applications (exercer les deux bras).
1. Lancer de balles (hauteur et longueur).
2. Lancer de balles sur but fixe.
3. Lancer de balles sur but mobile.
4. Lancer du ballon (poing, main, pieds, tête) en hauteur, en longueur, sur but fixe.
5. Lancer de pierres légères en hauteur, en longueur, sur but fixe, sur but mobile.

Attaque et défense. — *a) Mouvements éducatifs.* — Comme de 9 à 11 ans et ajouter :
1. En se tenant par la main chercher à se déplacer.
2. Lutte d'opposition deux à deux par les bras (divers modes).
3. L'un assis, l'autre couché, opposition à l'écartement des jambes et à leur rapprochement.
4. Assis face à face, résistance à l'écartement et au rapprochement des bras tendus.
5. Étude plus précise des éléments de boxe française et de boxe anglaise.

b) Applications. — Pas d'applications en dehors des mouvements ci-dessus qui suffisent à cet âge.

Exercices d'ordre et de retour au calme. — Toutes les leçons se terminent par des marches lentes en respirant profondément, par un peu de marche avec chant (file) et si possible par une douche courte, avant la reprise des vêtements ordinaires. La leçon doit se terminer sans essoufflement, sans sueur, dans le calme complet de l'organisme. S'il y a douche, la leçon n'est terminée qu'après la douche et sa réaction. L'instructeur s'y intéresse donc comme aux autres parties de la leçon.

Nota. — 1. Si des enfants de cette catégorie (11-13 ans) semblent *assez peu développés* pour aborder les applications et les exercices de leur âge, ils suivront le programme et les leçons de la catégorie inférieure (9 à 11 ans) ou bien on les laissera dans le groupe de 11 à 13 en les dispensant des exercices trop violents.

2. Pour la natation, les exercices et les jeux concernant *l'ouïe, la vue et le toucher,* se reporter à ce qui a été dit pour la catégorie de 9 à 11 ans.

43. EXEMPLE DE LEÇON POUR ENFANTS
DE 11 A 13 ANS.

Garçons et filles. — Durée de 30 à 45 minutes.

1° Mise en train. — Rassemblement.

Former la colonne par quatre.
Marche avec chant.
Se former par deux.
Prendre ses distances.
En marchant, circumduction des bras (4 temps).
Mouvement n° 22 (Annexe n° 1).
Fente avec mouvement n° 3.

En marchant, porter les épaules en avant et en arrière avec légère flexion du tronc et en respirant fortement.

Exercices dissymétriques. — Cercle des mains en sens opposé.

2° Leçon proprement dite.

1° *Marcher*..   M. E.   Marche sur les talons.

2° *Grimper.*
  Escalader. } Appl.   Escalader un mur peu élevé.

3° *Courir*.....   M. E.   Etude de la foulée sur place.
                    Jeu : Frapper Guillaume.

4° *Lever et*
  porter. } M. E.   A cheval sur un banc, rotation du tronc avec mouvements de bras.

5° *Sauter*....   Appl.   Sauts en hauteur avec élan (à la poursuite).

6° *Lancer*....   Appl.   Lancer de pierres.
                    Jeu : ballon libre.

7° *Attaque et*
  défense. } M. E.   Dos à dos. Se pousser.

3° Exercices d'ordre et de retour au calme.

Marche lente en respirant.
Marche avec chants.
Douches et friction du corps.
Se rhabiller, — marcher, — rompre.

LA PHYSIQUE ÉLÉMENTAIRE

TABLEAU COMPARATIF

AGE 6 ET 7 À 9 ANS	AGE 9 À 11 ANS	AGE 11 À 13 ANS
DURÉE 15 À 25 MINUTES	DURÉE 25 À 30 MINUTES	DURÉE 30 À 45 MINUTES

PROGRAMME.

Jeux et mouvements d'imitation.
Petits jeux collectifs.
Jeux respiratoires.

*Mouvements éducatifs simples.
Mouvements d'imitation.
Mouvements dissymétriques.
Exercices respiratoires.*

*Mouvements éducatifs combinés.
Mouvements d'imitation.
Mouvements dissymétriques.
Applications élémentaires.
Petits jeux collectifs.
Exercices respiratoires.*

RÉGIME.

1. Mise en train.
2. Leçon proprement dite complète (1 mouvement d'imitation par famille).
3. Retour au calme.

1. Mise en train.
2. Leçon proprement dite complète (1 mouvement éducatif ou d'imitation par famille et 1 jeu collectif).
3. Retour au calme.

1. Mise en train.
2. Leçon proprement dite complète (1 mouvement éducatif ou d'imitation ou une application par famille, 4 mouvements, 3 applications et 2 jeux collectifs).
3. Retour au calme.

LEÇON.

II. Leçon proprement dite :

1. Marcher. M. E. Marché sur les talons.
2. Grimper (Appl.) Escalader un mur peu élevé.
3. Courir. M. E. Étude de la foulée sur place.
4. Lever, porter. Frapper Guillaume. M. E. À cheval sur un banc. Rotation du tronc avec mouvements de bras.
5. Sauter. Appl. Sauts en hauteur avec élan (à la poursuite).
6. Lancer. Appl. Lancer de pierre. Jeu. Ballon libre. M. E. Dos à dos (se pousser).

III. Exercices respiratoires d'ordre et de retour au calme.
Marché lents en respirant.
Marche avec chant.
Douche et friction du corps.
Se rhabiller. Marcher. Rompre.

NATATION.

ÉDUCATION SENSORIELLE.

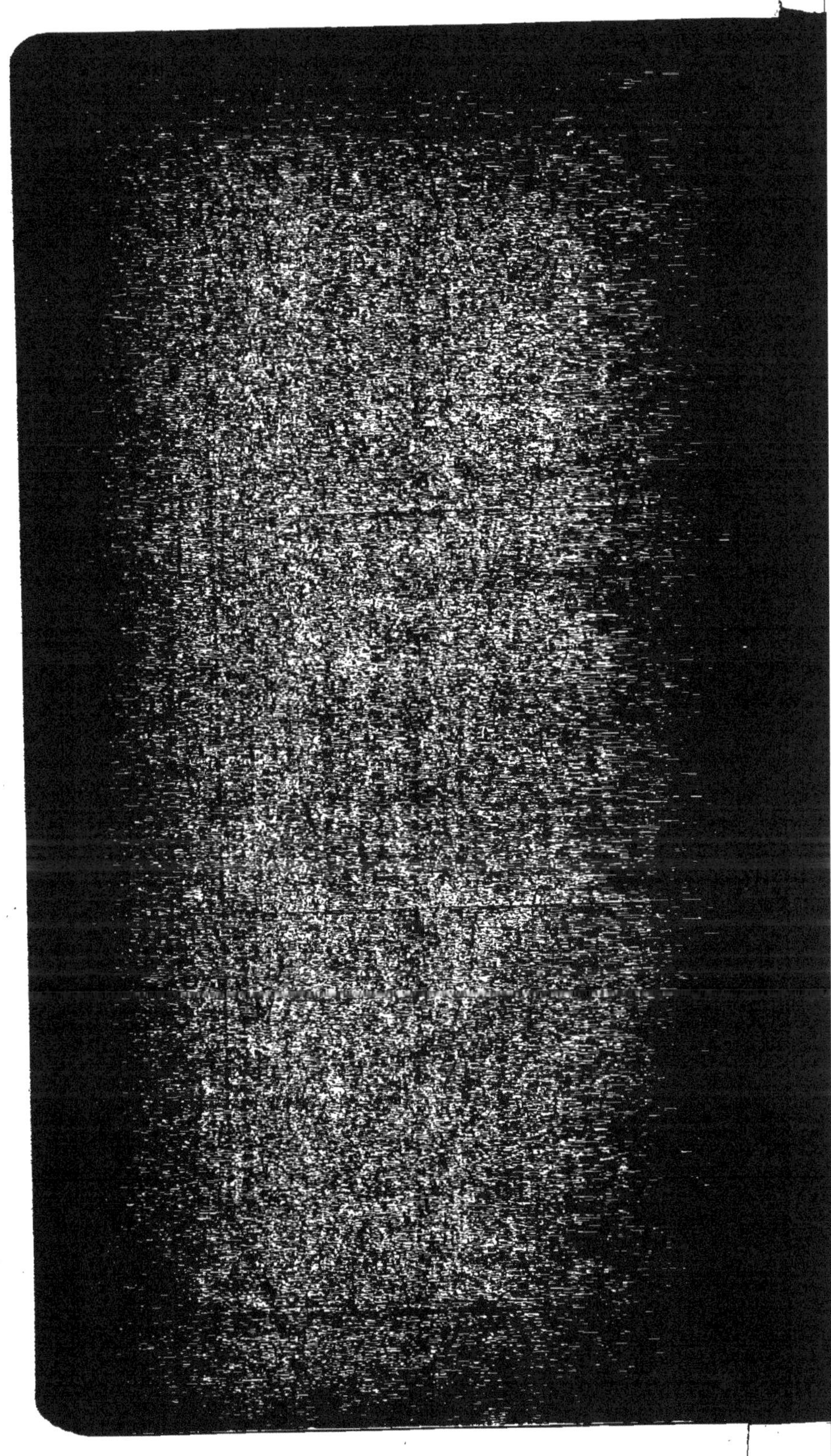

ÉDUCATION PHYSIQUE ÉLÉMENTAIRE

de 6 à 13-14 ans.

GARÇONS ET FILLES.

ANNEXE N° 1.

EXEMPLES DE MOUVEMENTS COMPLETS ET CONTINUS.

Bien rythmer les mouvements. Assurer leur bonne exécution dans les différents plans avec le maximun d'amplitude. Conserver au corps sa souplesse, la raideur se manifeste par des mouvements secs et anguleux, la souplesse par des mouvements arrondis, sans énergie perdue et mal utilisée.

Exercice n° 1. — *Elever les bras tendus horizontalement dans les différents plans verticaux.* — Elever les bras en avant, les abaisser. Elever les bras dans une position oblique (30°), les abaisser. Elever les bras dans une position oblique accentuée (60°), les abaisser. Elever les bras de côté. En abaissant les bras, les porter en adduction en arrière.

Exercice n° 2. — *Elever verticalement les bras étendus dans les différents plans verticaux.* — Exécuter les mouvements (comme n° 1) en portant les bras à la position verticale dans les différents plans.

Exercice n° 3. — *Elévation des bras étendus latéralement avec flexion et extension de la main, en souplesse.* — Position de départ : Station droite, bras tendus le long du corps. Elever les bras tendus latéralement jusqu'à la position horizontale, les poignets souples et arrondis, les doigts allongés en souplesse, paumes des mains en dedans, face au corps. Etendre progressivement la main pour amener la paume en dehors et revenir à la position de départ en abaissant les bras, les mains reprenant progressivement leur position primitive à la fin du mouvement.

Même exercice avec bras fléchis.

Exercice n° 4. — Exécuter les exercices 1, 2 et 3 en décrivant une suite de petits cercles (0ᵐ,50 de diamètre).

Exercice n° 5. — *Elever les bras latéralement, oblique-ment en haut avec flexion et extension de la main.* — Exé-cuter l'exercice comme n° 3, en élevant les bras d'un angle de 120°.

Exercice n° 6. — *Elever les bras latéralement et en haut, avec flexion et extension de la main.* — Elever les bras par le côté comme n° 3 jusqu'à la position verticale, paumes des mains en dessous, les poignets très rappro-chés, tourner la paume des mains en dessus et abaisser les bras latéralement pour revenir à la position de départ.

Exercice n° 7. — Exécuter les exercices 3, 5 et 6 com-binés avec des circumductions des poignets et des bras.

Exercice n° 8. — Elever la jambe étendue en avant, obliquement, latéralement, en arrière.

Exercice n° 9. — Elever le genou, mouvements circu-laires du pied.

Exercice n° 10. — Elever le genou en fléchissant le pied. Etendre la jambe et le pied en décrivant un cercle avec le pied. Exécuter le mouvement avec grande ampli-tude dans le plan antérieur, oblique et latéral.

Exercice n° 11. — Fléchir les avant-bras. Elever les mains fermées à hauteur et en dehors des épaules. Abaisser les avant-bras dans le rang en les portant obliquement en arrière, mains ouvertes, épaules effacées.

Exercice n° 12. — Fléchir les avant-bras. Elever les mains fermées à hauteur et en dehors des épaules. Etendre les bras à la position verticale, mains ouvertes. Revenir à la première position et abaisser les bras dans le rang.

Exercice n° 13. — Exécuter l'exercice comme n° 12 en étendant les bras horizontalement et en avant.

Exercice n° 14. — *Position de départ. Bras latéraux, paumes des mains en extension.* Lancer les bras horizontalement en avant, les doigts se touchant et les épaules complètement relâchées. Fixer les omoplates en tirant les coudes horizontalement en arrière — les bras, les avant-bras et les mains à hau-teur des épaules, et, sans arrêt, ramener les bras à leur position initiale.

Exercice n° 15. — *Flexion et extension du tronc en souplesse.* — Fléchir lentement le tronc, jambes tendues, bras tendus le long du corps, les mains touchant le sol. Extension complète du tronc en portant les épaules en arrière, et abaisser les bras dans le rang, en les portant obliquement en arrière et en bas.

Exercice n° 16. — Couché horizontalement sur le dos, flexion et extension de la cuisse (des cuisses).

Élever les cuisses fléchies dans une position oblique, étendre les jambes et les abaisser lentement.

Exercice n° 17. — Même exercice que n° 16, dans une position plus oblique.

Exercice n° 18. — Sur le dos : Élever les jambes croisées et les abaisser (placer alternativement la jambe gauche et la jambe droite en dessus).

Exercice n° 19. — Sur le dos : Élever les jambes étendues, les abaisser en faisant décrire à chaque pied un cercle, les jambes restant étendues (décrire le cercle de gauche à droite et de droite à gauche).

Exercice n° 20. — Sur le dos : Soulever les jambes réunies en avant, les écarter latéralement, les réunir et les poser à terre (plusieurs fois).

Exercice n° 21. — Sur le dos : Soulever les jambes étendues en avant, les porter réunies à droite, à gauche, les ramener en avant et les poser à terre (plusieurs fois).

Exercice n° 22. — *Mouvement continu et arrondi, bras fléchis, mains fermées à hauteur des épaules, coudes en bas.*

1° Avancer les épaules, tourner les mains, paumes en dehors, les joindre dos à dos, puis élever les coudes le plus haut possible, l'avant-bras et la main pendant naturellement et en souplesse. Basculer les bras en abaissant les coudes serrés contre le corps, les avant-bras verticaux et le plus en arrière possible, les omoplates fortement fixées en arrière, les mains fermées énergiquement à hauteur des épaules, les doigts tournés vers le corps.

2° Écarter les avant-bras en les abaissant latéralement par un mouvement arrondi en ouvrant progressivement les doigts, paumes en dessus et en maintenant les épaules fixées en arrière.

3° Étendre complètement les bras obliquement en arrière et en bas, mains ouvertes en extension. Ramener les mains en avant, les poignets souples et continuer l'exercice sans arrêt, sous forme de mouvement continu.

Exercice n° 23. — *Même exercice, mains fermées à hauteur des oreilles, coudes en arrière.*

1° Comme pour exercice n° 22.

2° Basculer les bras en portant les coudes en arrière dans le plan des épaules, mains fermées énergiquement à hauteur des oreilles au-dessus des épaules, ongles en avant.

3° et 4° Comme pour exercice n° 22.

Exercice n° 24. — *Même exercice, mains fermées au-dessus de la tête, coudes en arrière.*

1° Comme pour exercice n° 22.

2° Continuer sans arrêt l'élévation des avant-bras en tournant progressivement la paume des mains en dehors. Fermer énergiquement les mains au-dessus de la tête, les mains se touchant et les ongles tournés en dehors (bras arrondis), coudes dans le plan des épaules. 3° et 4° comme pour exercice n° 22.

Nota. — Les exercices n° 16, 17, 18, 19, 20 et 21 ne seront exécutés que par les filles ayant la tenue prescrite au paragraphe 13 de la page 24.

ANNEXE N° 2.

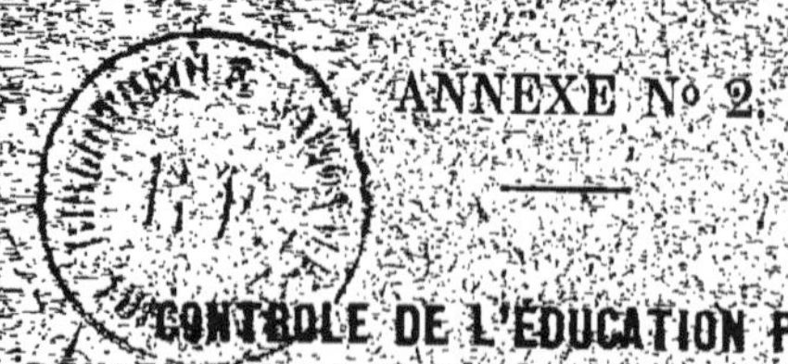

CONTROLE DE L'ÉDUCATION PHYSIQUE.
RENSEIGNEMENTS GÉNÉRAUX SUR LA CROISSANCE.

Il ne s'agit pas de donner ici aux médecins des moyens pour reconnaître si un enfant est ou n'est pas bien portant.

Cette conclusion de son examen est le fruit de son sens clinique.

Le praticien, habitué à juste titre à ne pas considérer sa profession comme une science mathématique, ne se fixera pas sur les chiffres donnés par les tableaux suivants pour baser son appréciation ; mais néanmoins il peut lui être utile d'avoir à sa disposition des moyennes prises sur un grand nombre d'enfants. Ce sera pour lui un moyen d'investigation de plus qui pourra, en certains cas difficiles, l'aider à conclure et à guider l'éducateur.

Taille et poids suivant l'âge et le sexe.

AGE	HOMMES		FEMMES	
	HAUTEUR	POIDS	HAUTEUR	POIDS
	mètres.	kilogr.	mètres.	kilogr.
Naissance	0,500	3,20	0,490	2,91
1 an	0,698	9,45	0,690	8,90
2 ans	0,771	11,34	0,780	10,67
3	0,864	12,47	0,852	11,79
4	0,928	14,23	0,915	13
5	0,988	15,77	0,974	14,36
6	1,047	17,24	1,103	16,04
7	1,105	19,10	1,146	17,54
8	1,162	20,76	1,181	19,08
9	1,219	22,65	1,195	21,36
10	1,275	24,52	1,248	23,52
11	1,330	27,10	1,299	25,65
12	1,385	29,82	1,353	29,82
13	1,430	34,38	1,403	32,94
14	1,493	38,76	1,453	36,70
15	1,546	43,62	1,499	40,39
16	1,594	49,67	1,535	43,57
17	1,634	52,85	1,555	47,31
18	1,658	57,85	1,564	51,80
19	1,674	60,06	1,572	52,23

Périmètre thoracique.

La Commission internationale réunie en septembre 1915 pour le XIV° Congrès international d'anthropologie a décidé que le périmètre thoracique serait désormais mesuré dans un plan horizontal passant par la base de l'appendice xyphoïde et que l'on prendrait la moyenne des mesures notées à l'inspiration et à l'expiration.

Voici, d'après le docteur Lucien Mayet, la valeur moyenne du périmètre thoracique de 0 à 13 ans :

Naissance	0^m30	7 ans	0^m55
1 an	0^m47	8 —	0^m56
2 ans	0^m485	9 —	0^m57
3 —	0^m50	10 —	0^m58
4 —	0^m51	11 —	0^m605
5 —	0^m525	12 —	0^m635
6 —	0^m535	13 —	0^m66

L'élasticité thoracique est exprimée en centimètres par la différence qui existe, entre le périmètre maximum mesuré à la fin d'une inspiration profonde et le périmètre minimum mesuré à la fin d'une expiration forcée. L'élasticité thoracique est fonction de la mobilité des articulations des côtes et de la puissance des muscles de la respiration. Voici la valeur moyenne de l'élasticité thoracique :

A 6 ans	1 cm. 20 à 2 centimètres.	
A 10 —	2 cm. 5 à 4	—
A 15 —	4 à 6 centimètres.	
A 18 —	4 à 7	—
A 20 —	6 à 10	—
A 25 —	6 à 15	—

La puissance de ventilation pulmonaire d'un sujet est donnée par le *spiromètre*. Cet appareil nous renseigne sur la *capacité vitale* (air courant + air de réserve + air complémentaire).

L'exercice accroît beaucoup la puissance de ventilation. A l'âge de 3 ans, la capacité vitale moyenne est seulement de 0 lit. 400. Elle subit un accroissement annuel de 0 lit. 120 à 0 lit. 150. On admet que la capacité vitale suit le développement de la taille à raison de 0 lit. 05 ou de 0 lit. 04 par centimètre suivant qu'il s'agit de l'homme ou de la femme, et, à partir de la quatrième année.

Pour un homme adulte bien portant la capacité vitale est de 3 lit. 75; 2 lit. 75 pour la femme.

Circonférence des membres.

Jusqu'à 13 ans, les muscles restent grêles et les mensurations portant sur les membres avant cet âge ne donnent aucune indication importante.

Chez un enfant de 12 ans, normalement développé, la circonférence du mollet égale celle du cou.

Vers le même âge, le périmètre thoracique xypho-sternal égale deux fois et demie, au moment de l'inspiration, la circonférence du cou. Mais ces données sont sujettes à des variations individuelles très grandes qui diminuent beaucoup leur valeur.

Il n'en est pas de même chez l'adulte. Après six mois d'exercice la circonférence des bras augmente 89 fois sur 100, la circonférence de la cuisse 77 fois. Le périmètre soléaire (mollet) s'accroît chez presque tous les sujets.

Force musculaire.

On mesure constamment la force des sujets à l'aide des dynamomètres. Ce sont pour la plupart, des ressorts dont les déformations sont proportionnelles aux forces qui les produisent. Le sténomètre de Bloch est le plus usité. Dans cet appareil, les déformations d'un ressort elliptique sont transmises par un pignon aux aiguilles; la graduation est double; l'une mesure la traction et l'autre la pression.

Les mesures de la force musculaire manquent généralement de rigueur et d'homogénéité. Tantôt il s'agit de *pressions* et tantôt de *tractions*. D'autre part, les dynamomètres sont de constructions différentes, de sorte que la prise des mains n'est pas identique pour tous les autres modèles.

La force moyenne de traction des deux mains, évaluée par Grehant, est aux environs de 45 kilogrammes.

Les muscles du cou ne fléchissent que sous un poids moyen de 100 à 118 kilogrammes.

La force rénale ou lombaire qui exprime celle des muscles extenseurs du tronc (masses des muscles sacro-lombaires et dorsaux) mesurée au moyen du dynamomètre de Regnier fixé au sol à l'une de ses extrémités, tandis qu'on tire sur l'autre en se penchant d'abord, puis se redressant, a été examinée par Quetelet suivant l'âge et le sexe. Voici les résultats rapportés par cet auteur :

AGE.	HOMMES.	FEMMES.
6 ans	20 kilogr.	»
10 —	46 —	31 kilogr.
15 —	88 —	53 —
16 —	102 —	59 —
18 —	136 —	67 —
20 —	138 —	68 —
25 —	155 —	77 —
30 —	154 —	77 —
40 —	122 —	62 —
50 —	101 —	50 —
60 —	93 —	54 —

L'écart relatif au sexe est presque du simple au double. On constate un rapport du même ordre (57 p. 100 d'après Manouvrier) dans *l'effort de serrement de la main* enregistré par les dynamomètres de pression. La masse des muscles est plus grande dans le corps de l'homme que dans celui de la femme, mais surtout l'adaptation fonctionnelle est meilleure chez le premier.

L'exercice physique augmente considérablement la force musculaire. Après six mois d'exercices suivis, la force de traction des deux mains s'accroît du tiers de la force rénale, des 3/8° chez 72 p. 100 des sujets observés.

Indice de robusticité de Pignet.

La taille, le poids et le périmètre thoracique considérés isolément ne peuvent fournir que des éléments. Pignet a tenté de faire entrer leur valeur respective dans une formule unique qui deviendrait ainsi l'expression de la valeur physiologique de l'individu. Il a primitivement dénommé cette formule : « *valeur numérique de l'homme* ». Aujourd'hui on la désigne plus communément sous le nom *d'indice* ou de « *coefficient de robusticité* ».

Le calcul de l'indice se fait de la manière suivante : la taille, le poids et le périmètre thoracique sont mesurés séparément. On additionne ensuite le poids et le périmètre et on soustrait ce total de la taille exprimée en centimètres :

$$\text{Exemple} \left\{ \begin{array}{ll} \text{Taille} & \text{1 m. 70.} \\ \text{Poids} & \text{60 kilogr.} \\ \text{Périmètre} & \text{0 m. 90.} \end{array} \right.$$

$$\text{Indice} = 170 - (60 + 90) = 20.$$

Il se produit des cas (rares) dans lesquels l'addition du poids et du périmètre donne un total supérieur au chiffre de la taille.

$$\text{Exemple} \left\{ \begin{array}{ll} \text{Taille} & \text{1 m. 73.} \\ \text{Poids} & \text{78 kilogr.} \\ \text{Périmètre} & \text{0 m. 98.} \end{array} \right.$$

Dans ce cas, la somme du poids et du périmètre = 176. Elle est supérieure de trois unités au chiffre de la taille, l'indice est alors précédé du signe —.

L'indice de Pignet n'est malgré son utilité qu'un aide et un contrôle. Il ne saurait servir de base unique pour déterminer l'aptitude physique. De plus, il n'a de valeur qu'entre la 18° et la 28° année. Après trente ans, la taille étant désormais fixée, l'augmentation fréquente du poids fausse notablement la signification de l'indice. Celui-ci ne saurait se substituer à l'examen médical. Le sens clinique et la science du médecin expert appliqués à l'examen des grands viscères (cœur, poumons, foie, reins) demeurent les éléments fondamentaux de l'appréciation de la valeur physiologique d'un sujet.

Le chiffre du coefficient de robusticité est d'autant plus élevé que la constitution du sujet apparaît plus faible. Un sujet mesurant 1 m. 70, pesant 65 kilogrammes, ayant un périmètre de 0 m. 90 a un indice de + 15 qui laisse supposer une robuste constitution. Au contraire, tel sujet mesurant 1 m. 70, pesant 50 kilogrammes ayant un périmètre de 0 m. 80 a un indice de + 40 et doit être classé parmi les sujets très faibles.

Lorsque les sujets sont particulièrement robustes, on trouve des indices négatifs, la somme du poids et du périmètre dépassant la taille. Ces indices se rencontrent aussi chez les obèses qui sont d'une valeur physiologique très médiocre.

Voici une échelle de valeur numérique de l'aptitude physique normale par Besson et qui peut être utilement consultée. On suppose que les sujets examinés ne sont atteints d'aucune affection organique et qu'ils ne sont pas âgés de plus de 30 ans.

Au-dessous de — 10 = surcharge graisseuse.
—   de — 10 à + 10 = constitution très vigoureuse.
—   de + 11 à + 20 = constitution forte.
—   de + 21 à + 25 = constitution moyenne.
—   de + 26 à + 30 = zone limite (discutable).
—   de + 31 à + 35 = médiocre.
Au delà de 35 = nettement mauvais.

Dans tous les cas où il n'y a pas de lésion organique latente (bronchite et pleurésie chroniques, affection du cœur, du foie, des reins, etc.), l'indice est abaissé par les exercices physiques, ce qui indique comme nous l'avons vu, une évolution favorable dans le sens de l'accroissement de la robusticité.

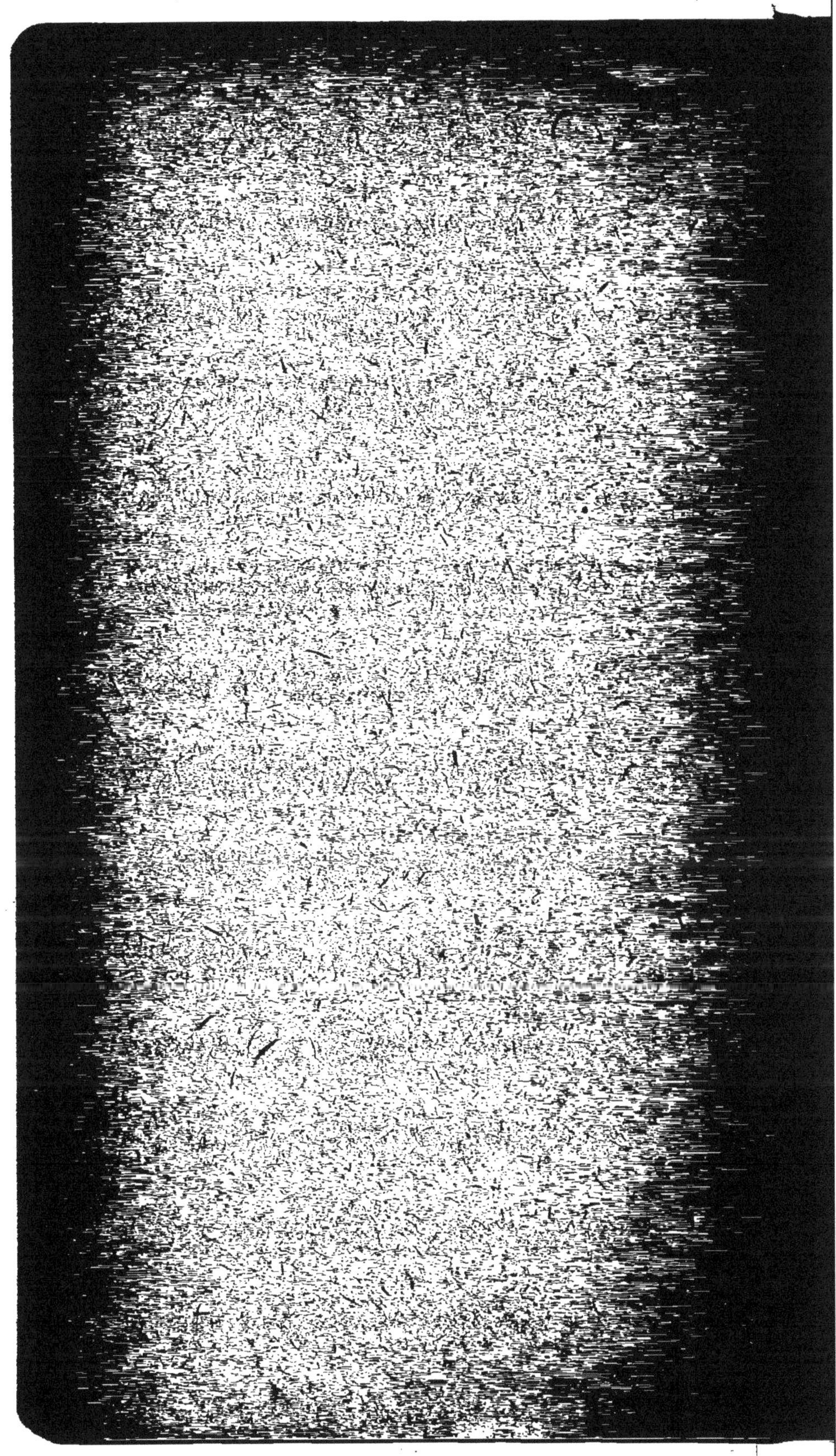

MODÈLE DE CARNET PHYSIOLOGIQUE POUR ENFANTS DE 4 A 13-14 ANS.

(COUVERTURE DU CARNET.)

Nom de l'école ou de l'établissement.

CARNET PHYSIOLOGIQUE DE 4 A 13-14 ANS DE :

Nom de l'élève : ....

Prénoms : ....

Adresse et profession des parents : ....

Nota. — Ce carnet doit rester entre les mains du maître. Il en est fourni un extrait aux parents avec les notes périodiques. Cet extrait fait ressortir, par rapport aux moyennes normales de l'annexe n° 2, la situation physique de l'enfant.

4. Périmètre xyphoïdien. { Inspiration. Expiration.

5. Elasticité thoracique.. } Différence entre le périmètre inspiratoire et le périmètre expiratoire.

6. Spiromètre. — Avoir soin d'aseptiser ou de changer chaque fois l'embouchure du spiromètre.

7. Colonne vertébrale. — Indiquer normale ou préciser les déviations.

13. Constitution. — Comparer les mensurations avec les moyennes de l'annexe n° 2.

14. Si l'enfant doit suivre un groupe médical ou a besoin d'exercices spéciaux, le médecin indiquera les exercices à faire sous la surveillance du maître en genre et quantité.

Observations. — Le carnet se compose de fiches identiques par année scolaire, soit dix fiches de 4 à 13-14 ans. L'examen du carnet indique instantanément les progrès obtenus et les variations de croissance par rapport aux moyennes normales.

(Le carnet physiologique de 4 à 13-14 ans devra suivre l'enfant toute sa vie. Après l'école il sera remis au groupe d'éducation physique dont l'enfant fera partie. La fiche est un peu différente au-dessus de 13-14 ans. *Voir* 2° partie, Éducation physique secondaire).

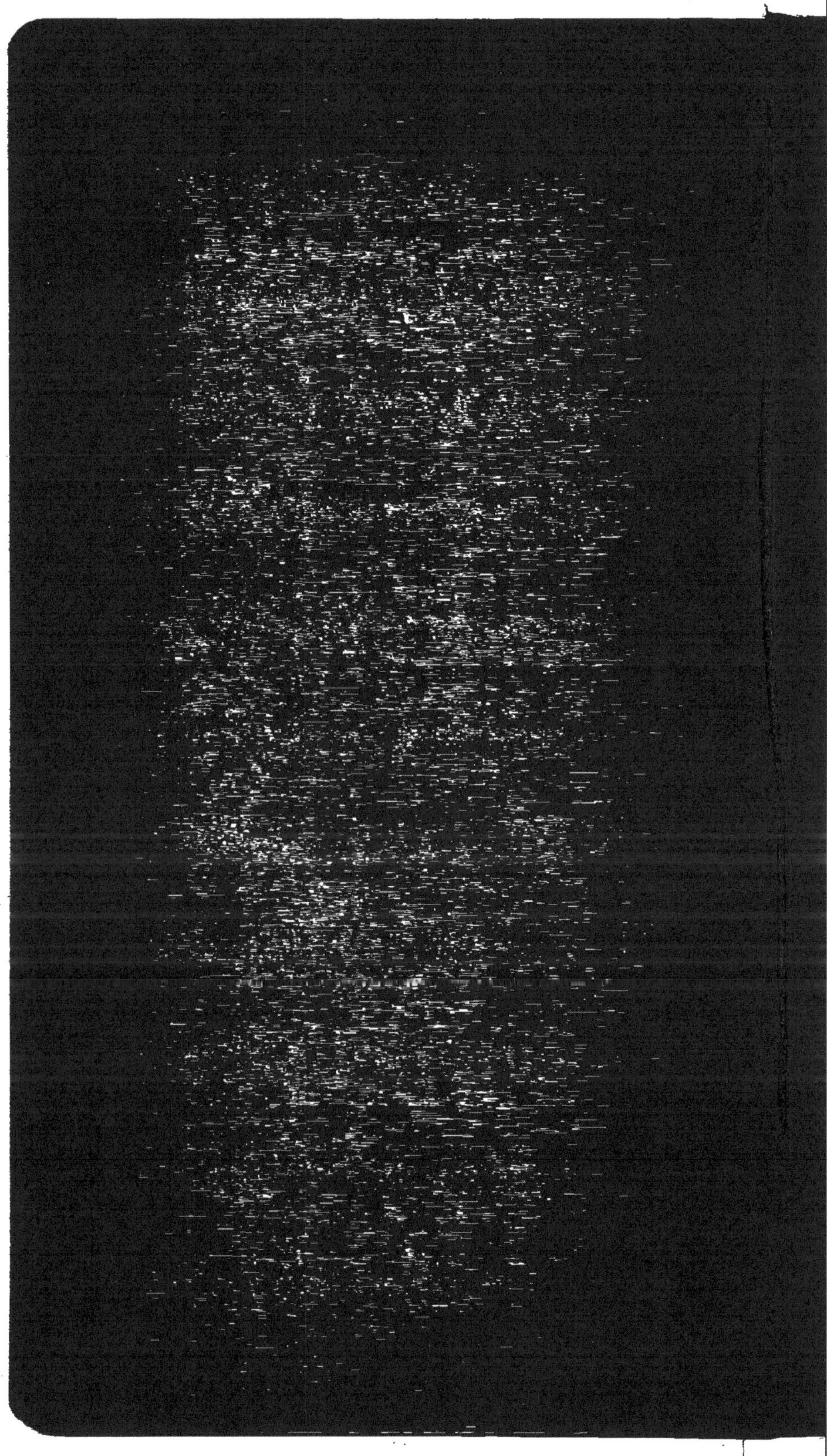

ANNÉE SCOLAIRE (—————————).

Fiche physiologique d'enfants de 4 à 13-14 ans.

Nom ....

Prénoms ....

Etablissement ....

Classe ....

	Octobre.	Mars.	Juillet.
1. Age			
2. Poids nu			
3. Taille (pieds nus)			
4. Périmètre thoraci-{ Inspiration ... que xyphoïdien). { Expiration ...			
5. Elasticité thoracique : différence en centimètres entre inspiration et expiration			
6. Capacité vitale (spiromètre)			
7. Colonne vertébrale			
8. Perméabilité { Narine droite ... nasale. ... { Narine gauche ...			
9. Dentition			
10. Vue			
11. Ouïe			
12. Particularités et } observations. }			
13. Constitution (normale ou faible)			
14. Groupe d'éducation physique (normal ou médical)			

Le Maître,

Le Médecin,

PARIS ET LIMOGES. — IMPR. ET LIBRAIRIE MILITAIRES CHARLES-LAVAUZELLE ET Cie